아가페 태교 성경

아가페
태교 성경

글 박영란, 송세라

AGAPE Fetal Bible

엄마 목소리로 처음 듣는
하나님의 말씀

아가페

사랑하는 딸아!

—

나는 세상 무엇보다 소중한 너를
어머니의 태에 내 손길로 친히 지었단다.
태초부터 이미 완전한 내 사랑은
언제나 너를 향해 충만했지.

이제 네게 나의 형상대로 지은
사랑스러운 새 생명을 맡기는 이 기쁨을
측량할 길이 없구나.

몸과 마음에 많은 변화가 생겨
때로는 힘들어 지치고,
때로는 새로운 기쁨과 마주하며
감사하게 될 거란다.

어떠한 순간에도 내가 너와 함께 있음을 기억하며
아무것도 두려워하지 말고,
모든 것을 내게 의지하렴.
네 가정과 아기를 향한 내 계획을 신뢰하는
현숙한 어머니가 되어라.

아기와 함께 내 이야기를 읽으며
함께 웃고 함께 기도하기를,
사랑을 담은 네 목소리로
아기에게 내 마음을 전해주길 부탁한다.

네게 맡긴 이 아이가 자라나
나를 만나고 누리며,
내 영광을 위해 살아갈 그날을
나 또한 기대하고 있단다.

—

곧 엄마가 될 나의 딸에게,
너를 사랑하는 하나님 아버지가

Contents

구약

Old Testament

"오직 주께서 나를 모태에서 나오게 하시고
내 어머니의 젖을 먹을 때에 의지하게 하셨나이다
내가 날 때부터 주께 맡긴 바 되었고
모태에서 나올 때부터 주는 나의 하나님이 되셨나이다"

_시 22:9-10

구약 1 하나님의 솜씨

아가야, 네가 태어나면 참으로 멋진 세상을 만나게 될 거란다.

눈부시게 빛나는 햇빛과 반짝반짝 빛나는 별들,

파란 하늘 밑에 높은 산과 드넓은 바다,

향기로운 꽃들과 싱싱한 채소,

짹짹 노래하는 새들과 크고 작은 동물들을 만나게 될 거야.

이렇게 멋진 세상은 누가 만드셨을까?

누구의 솜씨일까?

엄마는 너에게 이 세상을 만드신 분을 알려주려고 해.

그분은 아주 작고 소중한 너를 만드신 분이시란다.

그분이 이 세상을 어떻게 만드셨는지 잘 들어보렴.

처음 듣는 하나님의 말씀

태초에 하나님께서 하늘과 땅을 창조하셨습니다. 그런데 그 땅은 지금처럼 짜임새 있는 모습이 아니었고, 생물 하나 없이 텅 비어 있었습니다. 어둠이 깊은 바다를 덮고 있었고, 하나님의 영은 물 위에서 움직이고 계셨습니다. 그때에 하나님께서 말씀하셨습니다.

"빛이 생겨라!"

그러자 빛이 생겼습니다. 그 빛이 하나님께서 보시기에 좋았습니다. 하나님께서 빛과 어둠을 나누셨습니다. 하나님께서는 빛을 '낮'이라 부르시고, 어둠을 '밤'이라 부르셨습니다. 저녁이 지나고 아침이 되니, 이날이 첫째 날이었습니다.

하나님께서 또 말씀하셨습니다.

"물 한가운데 둥근 공간이 생겨 물을 둘로 나누어라."

하나님께서 둥근 공간을 만드시고, 그 공간 아래의 물과 공간 위의 물을 나누시니 그대로 되었습니다. 하나님께서 그 공간을 '하늘'이라 부르셨습니다. 저녁이 지나고 아침이 되니, 이날이 둘째 날이었습니다.

하나님께서 말씀하셨습니다. 하늘 아래의 물은 한 곳으로 모이고 뭍은 드러나라!' 하시니 그대로 되었습니다. 하나님께서 뭍을 '땅'이라 부르시고 모인 물은 '바다'라고 부르셨습니다. 하나님께서 보시기에 좋았습니다.

하나님께서 말씀하셨습니다. '땅은 풀과 씨를 맺는 식물과 씨가 든 열매를 맺는 온갖 과일나무를 내어라!' 하시니, 그대로 되었습니다. 이렇게 땅은 풀과 씨를 맺는 식물과 씨가 든 열매를 맺는 과일나무를 각기 종류대로 내었습니다. 하나님께서 보시기에 좋았습니다. 저녁이 지나고, 아침이 왔습니다. 이날이 셋째 날이었습니다.

하나님께서 말씀하셨습니다.

"하늘에 빛들이 있어 낮과 밤을 나누고, 계절과 날과 해를 구별하여라. 우주 공간에 떠 있는 것들은 하늘에서 빛을 내어 땅을 비추어라."

그러자 하나님께서 말씀하신 대로 되었습니다. 하나님께서 두 개의 큰 빛을 만드셨습니다. 그중 큰 빛으로 낮을 다스리게 하시고, 작은 빛으로 밤을 다스리게 하셨습니다. 또 별들을 만드셨습니다. 하나님께서는 이 빛들을 하늘에 두셔서 땅을 비추게 하셨습니다. 또 그 빛들이 낮과 밤을 다스리게 하시고, 빛과 어둠을 나뉘게 하셨습니다. 하나님께서 보시기에 좋았습니다. 저녁이 지나고 아침이 되니, 이날이 넷째 날이었습니다.

하나님께서 말씀하셨습니다.

"물은 움직이는 생물을 많이 내어라. 새들은 땅 위의 하늘을 날아다녀라."

하나님께서 커다란 바다짐승과 물에서 움직이는 생물과 날개 달린 새를 그 종류에 따라 창조하셨습니다. 하나님께서 보시기에 좋았습니다. 하나님께서 그것들에게 복을 주시며 말씀하셨습니다.

"새끼를 많이 낳고, 번성하여 바닷물을 가득 채워라. 새들도 땅 위에서 번성하여라."

저녁이 지나고 아침이 되니, 이날이 다섯째 날이었습니다.

하나님께서 말씀하셨습니다.

"땅은 온갖 생물을 내어라. 가축과 기어 다니는 것과 들짐승을 각기 그 종류에 따라 내어라."

그러자 하나님께서 말씀하신 대로 되었습니다. 하나님께서 온갖 들짐승과 가축과 땅 위에서 기어 다니는 생물을 각기 그 종류대로 만드셨습니다. 하나님께서 보시기에 좋았습니다.

하나님께서 말씀하셨습니다.

"우리가 우리의 모습과 형상대로 사람을 만들자. 그래서 바다의 물고기와 공중의 새와 온갖 가축과 들짐승과 땅 위에 기어 다니는 모든 생물을 다스리게 하자."

그래서 하나님께서 하나님의 형상대로 사람을 창조하시되, 남자와 여자를 만드셨습니다. 하나님께서 사람에게 복을 주시며 말씀하셨습니다.

"자녀를 많이 낳고 번성하여 땅을 채워라. 땅을 정복하여라. 바다의 물고기와 하늘의 새와 땅 위에 움직이는 모든 생물을 다스려라."

또 말씀하셨습니다.

"내가 땅 위의 온갖 씨 맺는 식물과 씨가 든 열매 맺는 모든 나무를 너희에게 준다. 그러니 너희는 그것들을 너희 양식으로 삼아라. 또 땅의 온갖 짐승과 공중의 모든 새와 땅 위를 기어 다니는 생명 있는 모든 것에게는 내가 푸른 식물을 먹이로 준다."

그러자 그렇게 되었습니다. 하나님께서 손수 만드신 모든 것을 보시니, 보시기에 매우 좋았습니다. 저녁이 지나고 아침이 되니, 이날이 여섯째 날이었습니다. 그리하여 하늘과 땅과 그 안의 모든 것들이 다 지어졌습니다. 일곱째 되는 날에 하나님께서 하시던 일을 마치시고 쉬셨습니다. 하나님께서 일곱째 되는 날에 복을 주시고, 그날을 거룩하게 하셨습니다. 왜냐하면 하나님께서 만드시던 모든 일을 마치시고 그날에 쉬셨기 때문입니다. (창세기 1:1-2:3, 쉬운성경)

아기예배 드리는 엄마

쑥쑥 자라나는 기도

아름다운 세상을 만드신 하나님, 감사합니다.
첫째 날부터 일곱째 날까지 질서 있게
종류대로 각각 세밀하게 세상을 만드신 하나님께서
우리 아기도 세밀하게 지으시고 건강하게 자라게 하실 줄로 믿습니다.
하나님의 솜씨로 아름답게 빚어 주시고,
하나님의 아름다운 세상을 마음껏 누릴 수 있게 하소서.
예수님의 이름으로 기도합니다. 아멘.

15

구약 2 남자와 여자

말씀을 듣기 전에

아가야, 네가 엄마를 닮았을까? 아빠를 닮았을까?
어떤 모습일까? 참 궁금하구나.
그러나 분명한 것은 너는 하나님의 형상대로
지음 받은 소중한 존재라는 것이란다.
하나님은 어떠한 창조물보다 사람을 정성껏 만드셨단다.
엄마는 오늘 하나님께서 사람을 만드시고
어떻게 생명이 되게 하셨는지 알려 줄 거야.
그리고 남자인 아빠와 여자인 엄마가
어떻게 지어졌는지도 알려주려고 해.
너도 남자로, 여자로, 자랄 테니까.
소중한 아가야, 하나님께서 남자와 여자를 지으신 이유가
무엇인지 잘 생각하며 들으렴.

처음 듣는 하나님의 말씀

하늘과 땅이 만들어지던 때, 곧 여호와 하나님께서 땅과 하늘을 만드셨을 때의 이야기는 이러합니다.

여호와 하나님께서 아직 땅에 비를 내리지 않으셨고, 땅을 갈 사람도 아직 없었기 때문에 밭에는 식물과 작물이 자라나지 않았습니다. 그러나 땅에서 안개가 올라와 온 땅의 표면을 적셨습니다. 그때, 여호와 하나님께서 땅의 흙으로 사람을 지으셨습니다. 그리고 사람의 코에 생명의 숨을 불어 넣으시니, 사람이 생명체가 되었습니다.

여호와 하나님께서 동쪽 땅 에덴에 동산을 만드시고, 지으신 사람을 그곳에서 지내게 하셨습니다. 여호와 하나님께서 아름답고 먹기 좋은 열매를 맺는 온갖 나무들을 그곳에서 자라나게 하셨습니다. 동산 한가운데에는 생명나무와 선악을 알게 하는 나무도 있었습니다. 여호와 하나님께서 그 사람에게 명령하셨습니다.

"너는 동산에 있는 모든 나무의 열매를 마음대로 먹어라. 그러나 선악을 알게 하는 나무의 열매만은 먹지 마라. 만약 그 나무의 열매를 먹으면, 너는 반드시 죽을 것이다."

여호와 하나님께서 말씀하셨습니다.

"남자가 혼자 있는 것이 좋지 않으니, 내가 그에게 그를 도울 짝을 만들어 줄 것이다."

여호와 하나님께서 흙으로 지으신 들의 모든 짐승과 공중의 모든 새를 아담에게 이끌고 가서서, 아담이 그것들의 이름을 어떻게 짓는지를 보셨습니다. 아담이 모든 생물의 이름을 지어 부르면, 그것이 곧 그것들의 이름이 되었습니다. 아담이 모든 가축과 공중의 새들과 들의 모든 짐승에게 이름을 지어 주었습니다. 하지만 아담은 자기를 도와 줄 수 있는 자기와 같은 형상을 가진 짝이 없었습니다. 그래서 여호와 하나님께서 아담을 깊이 잠들도록 하셨습니다.

아담이 잠든 사이, 여호와 하나님께서 아담의 갈비뼈 하나를 꺼내시고, 그 자리를 살로 메우셨습니다. 그리고는 아담에게서 꺼낸 갈비뼈로 여자를 만드시고, 그녀를 아담에게 데리고 가셨습니다. 그러자 아담이 말했습니다.

"아, 내 뼈 중의 뼈요, 내 살 중의 살이구나. 남자에게서 나왔으므로, 여자라고 부를 것이다."

그리하여 남자는 자기 아버지와 어머니를 떠나 아내와 한 몸을 이루게 되는 것입니다. 아담과 그의 아내는 벌거벗었지만, 부끄러워하지 않았습니다. (창세기 2:4-9, 16-25, 쉬운성경)

아기에게 말하는 성경

쑥쑥 자라나는 기도

생명을 주시는 하나님, 감사합니다.
우리 아기도 하나님의 사랑 안에서 건강하게 숨 쉬게 하시며,
하나님이 주시는 생각도 자라게 하심을 믿습니다.
하나님의 질서에 따라 남자로,
여자로 건강하게 자라가게 하소서.
예수님의 이름으로 기도합니다. 아멘.

구약 3 무지개의 약속

아가야, 비가 그치고 찬란한 햇빛이 하늘에 가득하면
구름 사이로 예쁜 무지개가 하늘에 뜬단다.
빨·주·노·초·파·남·보,
일곱 색깔 예쁜 무지개는 어떻게 생겨났을까?
구름 속의 아름다운 무지개에는
이 세상을 사랑하시는 하나님의 놀라운 약속이 담겨 있단다.
엄마는 네가 태어나 아름다운 무지개를 보게 될 때마다
하나님의 약속을 기억하기를 바란단다.
그 약속이 무엇인지, 하나님의 마음이 어떠하셨을지를 생각하며
무지개에 담긴 하나님의 이야기를 들어보렴.

처음 듣는 하나님의 말씀

이때에 땅 위의 사람들은 하나님께 악을 행하였고, 온 땅에는 폭력이 가득 찼습니다. 하나님께서는 사람들의 타락함을 보셨습니다. 즉 모든 사람들이 땅 위에서 하나님의 길을 더럽힌 것입니다. 하나님께서 노아에게 말씀하셨습니다.

"사람들이 땅을 폭력으로 가득 채웠다. 그래서 나는 땅 위의 모든 사람들을 땅과 함께 다 쓸어버리겠다. 너는 잣나무로 배를 만들어라. 그 안에 방들을 만들고, 안과 밖에 역청을 칠하여라. 그 배는 이렇게 만들어라. 길이는 삼백 규빗, 너비는 오십 규빗, 높이는 삼십 규빗으로 만들어라. 지붕 위에서 일 규빗 아래로 사방에 창을 만들고, 배 옆에는 문을 내어라. 배를 위층과 가운데층과 아래층으로 삼 층을 만들어라. 내가 땅 위에 홍수를 일으켜서 하늘 아래 사는 모든 생물, 곧 목숨이 있는 것은 다 멸망시킬 것이다. 땅 위에 있는 것은 다 숨질 것이다. 그러나 내가 너하고는 언약을 세우겠다. 너와 네 아들들과 네 아내와 네 며느리들은 모두 배로 들어가거라. 그리고 모든 생물을 암컷과 수컷 한 마리씩 배로 데리고 들어가서 너와 함께 살게 하여라. 새와 짐승과 기어 다니는 모든 것이 각기 그 종류대로 두 마리씩 너에게로 올 테니, 그것들을 살려 주어라. 그리고 먹을 것도 종류대로 다 모아 두어라. 그것을 배 안에 쌓아 두고, 너와 짐승들의 식량으로 삼아라."

노아는 하나님께서 명령하신 대로 모든 일을 했습니다.

여호와께서 노아에게 말씀하셨습니다.

"너는 가족을 이끌고 배로 들어가거라. 내가 보기에 이 세대에는 너만이 내 앞에서 의로운 사람이다. 모든 깨끗한 짐승은 암컷과 수컷 일곱 마리씩, 깨끗하지 않은 짐승은 암컷과 수컷 한 마리씩 데리고 들어가거라. 하늘의 새도 암컷과 수컷 일곱 마리씩 데리고 들어가거라. 그래서 그들의 종자를 온 땅 위에 살아남게 하여라. 지금부터 칠 일이 지나면, 내가 땅에 비를 내리겠다. 사십 일 동안, 밤낮으로 비를 내리겠다. 그리하여 내가 만든 생물을 땅 위에서 모두 쓸어버리겠다."

노아는 여호와께서 명령하신 대로 모든 일을 했습니다.

홍수가 시작되었을 때, 노아의 나이는 육백 살이었습니다. 노아와 그의 아내와 아들들과 며느리들은 배 안으로 들어가서 홍수를 피했습니다. 깨끗한 짐승과 깨끗하지 않은 짐승과 새와 땅 위에 기는 모든 것이 노아에게 왔습니다. 수컷과 암컷 두 마리씩 와서 배로 들어갔습니다. 하나님께서 노아에게 명령하신 대로 되었습니다.

칠 일이 지나고, 홍수가 땅 위를 덮쳤습니다. 그때, 노아는 육백 살이었습니다. 홍수는 그 해의 둘째 달, 십칠 일에 시작되었습니다. 그날, 땅속의 샘이 열리고, 하늘의 구름이 비를 쏟아 부었습니다. 비는 땅 위에 사십 일 동안, 밤낮으로 쏟아졌습니다. 바로 그날, 노아와 그의 아들들인 셈, 함, 야벳과 노아의 아내와 며느리들이 배 안으로 들어갔습니다. 그리고 그들과 모든 들짐승이 그 종류대로, 모든 가축이 그 종류대로,

땅 위에 기는 모든 생물이 그 종류대로, 날개 달린 모든 새가 그 종류대로 배 안으로 들어갔습니다. 생명의 호흡이 있는 모든 생물들이 암수 한 쌍씩 노아에게로 와서 배 안으로 들어갔습니다. 모든 생물의 암컷과 수컷이 하나님께서 노아에게 명령하신 대로 배 안으로 들어갔습니다. 그런 다음에 여호와께서 배의 문을 닫으셨습니다.

비가 사십 일 동안, 그치지 않고 내려 대홍수가 났습니다. 물이 불어나니, 배가 물 위로 떠 땅에서 떠올랐습니다. 물이 계속 불어나서 배가 물 위를 떠다니게 되었습니다. 물이 땅 위에 너무 많이 불어나서 하늘 아래의 높은 산들도 모두 물에 잠기게 되었습니다. 물은 그 위로부터 십오 규빗 정도 더 불어났고, 산들은 완전히 물에 잠겨 버렸습니다.

하지만 하나님께서는 노아와, 그와 함께 배 안에 있던 모든 들짐승, 가축을 기억하셨습니다. 하나님께서는 땅 위에 바람이 불게 하셨습니다. 그러자 물이 점점 줄어들었습니다. 땅 속의 샘들과 하늘의 창들이 닫혔습니다. 하늘에서 내리던 비도 그쳤습니다. 땅에서 물이 점점 빠져나갔습니다. 백오십 일이 지나자, 물이 많이 줄어들었습니다. 그 해의 일곱째 달 십칠 일에 배가 아라랏 산에 걸려 머무르게 되었습니다. 물은 계속 흘러 빠져 나갔고, 열째 달 첫째 날에는 산봉우리들이 드러나기 시작했습니다.

사십 일이 지나자, 노아는 자기가 타고 있던 배의 창문을 열었습니다. 그리고는 까마귀를 날려 보냈습니다. 까마귀는 땅에서 물이 마를 때까지 이리저리 날아다녔습니다. 또다시 노아는 땅에서 물이 빠졌는가를 알아보려고 비둘기를 날려 보냈습니다. 하지만 비둘기는 쉴 곳을 찾지 못하고 다시 노아에게로 돌아왔습니다. 노아는 손을 뻗어 비둘기를 맞아들였습니다. 칠 일이 지나자, 노아는 다시 비둘기를 날려 보냈습니다. 그날 저녁, 비둘기는 뜯어 낸 올리브 나무 잎사귀를 입에 물고 돌아왔습니다. 그것을 보고, 노아는 땅이 거의 다 말랐다는 것을 알았습니다.

칠 일이 지나자, 노아는 다시 비둘기를 내보냈습니다. 이번에는 비둘기가 노아에게 돌아오지 않았습니다. 노아가 육백한 살 되던 해 첫째 달, 곧 첫째 날에 물이 땅에서 말랐습니다. 노아가 배의 지붕을 열고 보니, 땅이 말라 있었습니다. 둘째 달, 이십칠 일에는 땅이 완전히 말랐습니다. 하나님께서 노아에게 말씀하셨습니다.

"너는 아내와 아들들과 며느리들을 데리고 배에서 나오너라. 너와 함께 머물고 있는 각종 생물 즉 새와 짐승과 땅 위에서 기는 모든 것도 배에서 이끌고 나오너라. 그것들이 땅 위에서 활동하며, 알을 까고 새끼를 많이 낳아 땅 위에서 번성할 것이다."

노아는 아들들과 아내와 며느리들을 데리고 밖으로 나왔습니다. 모든 짐승과 모든 기는 것과 모든 새도 다 그 종류대로 배에서 나왔습니다. 노아는 배에서 나와 여호와께 제단을 쌓았습니다. 노아는 깨끗한 새와 짐승 가운데서 좋은 것을 골라 제단 위에 태워 드리는 제물인 번제물로 바쳤습니다. 여호와께서 그 제물을 기뻐 받으시고, 마음속으로 말씀하셨습니다.

"다시는 사람 때문에 땅을 저주하지 않을 것이다. 사람의 생각은 어릴 때부터 악하지만, 이번처럼 땅 위의 모든 생물을 멸망시키는 일을 다시는 하지 않을 것이다. 땅이 있는 한, 심고 거두는 일, 추위와 더위, 여름과 겨울, 낮과 밤이 그치지 않을 것이다."

하나님께서 노아와 그 아들들에게 복을 주시며 말씀하셨습니다.
"자녀를 많이 낳고 번성하여 땅을 채워라. 땅 위의 모든 짐승과 하늘의 모든 새와 땅 위를 기는 모든 것과 바다의 모든 물고기가 너희들을 두려워할 것이다. 내가 이 모든 것을 너희들에게 주었다. 살아서 움직이는 모든 것이 너희의 음식이 될 것이다. 전에 푸른 식물을 음식으로 준 것같이, 이제는 모든 것을 음식으로 줄 테니, 다만 고기를 피째 먹지는 마라. 피에는 생명이 있다. 너희가 생명의 피를 흘리면, 내가 반드시 복수를 할 것이다. 사람의 피를 흘리면 그것이 짐승이든 사람이든 피 흘리게 한 사람의 형제이든 간에 내가 복수를 할 것이다. 누구든지 사람의 피를 흘리면, 다른 사람이 그 사람의 피를 흘리게 할 것이다. 이는 하나님께서 자기 모습대로 사람을 지으셨기 때문이다. 너희는 자녀를 많이 낳고 번성하여 땅을 가득 채워라. 땅에서 번성하여라."

하나님께서 노아와 그의 아들들에게 말씀하셨습니다.
"이제 내가 너희와 너희의 뒤를 이을 너희의 자손과 배에서 나와서 너희와 함께 사는 모든 생물, 곧 새와 가축과 들짐승과 땅 위의 모든 생물들과 너희에게 언약을 세우리니, 다시는 홍수로 모든 생물들을 없애 버리지 않을 것이며, 홍수로 땅을 멸망시키는 일은 없을 것이다."

하나님께서 말씀하셨습니다.

"내가 너희와 함께 사는 모든 생물과 너희 사이에 대대로 세울 언약의 표는 이러하다. 내가 구름 사이에 내 무지개를 두었으니, 그것이 나와 땅 사이의 언약의 표이다. 내가 땅에 구름을 보내 구름 사이에 무지개가 나타나면, 나는 너희와 모든 생물 사이에 세운 나의 언약을 기억할 것이다. 다시는 홍수로 땅의 모든 생물을 멸망시키는 일은 없을 것이다. 구름 사이에 무지개가 나타나면, 내가 그것을 보고 나 하나님과 땅 위의 모든 육체를 가진 생물들 사이에 세운 영원한 언약을 기억할 것이다."

하나님께서 노아에게 말씀하셨습니다.

"이것이 나와 땅 위의 모든 생물들 사이에 세우는 내 언약의 표이다."(창세기 6:11-7:20; 8:1-9:17, 쉬운성경)

쑥쑥 자라나는 기도

무지개로 약속해 주신 하나님, 감사합니다.
온 세상이 물로 가득 찼을 때에도
하나님의 사람 노아를 지키셨던 것처럼
아기와 우리 가정도 지켜주실 것을 믿습니다.
아름다운 무지개를 볼 때마다 하나님을 기억하게 하시고,
하나님의 마음에 합한 사람,
하나님을 기쁘시게 하는 사람으로 자라가게 하소서.
예수님의 이름으로 기도합니다. 아멘.

구약 4 복의 근원 아브라함

말씀을 듣기 전에

아가야, 하나님이 세상을 창조하시고
모든 만물이 생육하고 번성하도록 복을 주신 것을 기억하니?
하나님은 하나님이 만드신 동물과 새와 사람이
땅에 충만하고 더불어 행복하게 사는 복을 누리기를 원하신단다.
엄마는 너로 인해 하나님의 복을 누리고 있어 참 행복해.
그런데 오늘은 이보다 더 놀라운 복의
통로가 된 사람의 이야기를 들려줄게.
하나님은 우리에게 하나님의 복을 누리는 믿음의 사람을 보여주셔서
그 사람을 통해 우리의 믿음도 키워주신단다.
하나님을 믿는 믿음이 어떤 것인지 생각하면서 들어보렴.

처음 듣는 하나님의 말씀

여호와께서 아브람에게 말씀하셨습니다.

"네 나라와 네 친척과 네 아비의 집을 떠나 내가 너에게 보여 줄 땅으로 가거라. 내가 너를 큰 나라로 만들어 주고, 너에게 복을 주어, 너의 이름을 빛나게 할 것이다. 너는 다른 사람들에게 복이 될 것이다. 너에게 복을 주는 사람에게 내가 복을 주고, 너를 저주하는 사람을 내가 저주하겠다. 땅 위의 모든 백성이 너를 통해 복을 받을 것이다."

아브람은 여호와께서 말씀하신 대로 하란을 떠났습니다. 롯도 아브람과 함께 떠났습니다. 그때에 아브람의 나이는 일흔다섯 살이었습니다. 아브람은 아내 사래와 조카 롯과 그들이 모은 모든 재산을 가지고 갔습니다. 그들은 또 하란에서 얻은 종들도 모두 데리고 갔습니다. 가나안 땅으로 가기 위해 하란을 떠난 그들은 마침내 가나안 땅에 들어갔습니다. 아브람은 그 땅을 지나서 세겜 땅 모레의 큰 나무가 있는 곳까지 갔습니다. 그때에 그 땅에는 가나안 사람들이 살고 있었습니다.

여호와께서 아브람에게 나타나 말씀하셨습니다.

"내가 이 땅을 네 자손에게 줄 것이다."

아브람은 그곳에서 자기에게 나타나신 여호와께 제단을 쌓았습니다. 그리고 나서 아브람은 세겜에서 벧엘 동쪽 산으로 옮겨 갔습니다. 아브람은 그곳에 장막을 세웠습니다. 서쪽은 벧엘이었고, 동쪽은 아이였습니다. 아브람은 그곳에서도 여호와께 제단을 쌓고 예배를 드렸습니다. 그런 다음에 아브람은 계속해서 가나안 남쪽 네게브 지방으로 내려 갔습니다.

믿음으로 아브라함은 하나님께서 그에게 약속하신 땅으로 가라는 하나님의 부르심에 순종하였습니다. 그는 가야 할 곳도 모른 채 자기 고향을 떠났습니다. 그는 믿음 때문에 하나님께서 자기에게 약속하신 땅에 가서 살 수 있었습니다. 그는 그곳에서 갈 곳 없는 나그네처럼 살았고, 같은 약속을 받은 이삭과 야곱과 함께 장막에서 거하였습니다. 아브라함은 영원한 터가 있는 성을 기다리고 있었습니다. 그것은 바로 하나님께서 계획하고 세우신 성입니다. 사라 자신도 아이를 낳기에는 나이가 너무 많았으나, 믿음으로 후손을 얻을 힘을 얻었습니다. 그것은 그녀가 약속해 주신 하나님을 신실한 분으로 믿었기 때문입니다. 나이가 많아 거의 죽은 사람과 다름없던 한 사람으로부터, 하늘의 별과 바닷가의 모래알같이 셀 수 없을 정도로 많은 후손이 나왔습니다.

아브라함은 하나님께 시험을 받았을 때, 믿음으로 이삭을 제물로 바쳤습니다. 그는 하나님께 약속을 받았는데도 아들을 바칠 준비를 한 것입니다. 하나님께서는 그에게 "내가 네게 약속한 후손은 이삭을 통해 나올 것이다"라고 말씀하셨습니다. 아브라함은 하나님께서 죽은 사람도 살려 주신다는 것을 믿었습니다. 아브라함은 이삭을 죽은 사람들 가운데서 다시 받은 것입니다. (창세기 12:1-9; 히브리서 11:8-12, 17-19, 쉬운성경)

쑥쑥 자라나는 기도

믿음의 복을 주시는 하나님, 감사합니다.
우리 아기를 통해 믿음의 가문을 이어가게 하시니 감사합니다.
우리 가정에 아브라함처럼 하나님의 인도하심에
순종하며 기대하는 믿음을 주소서.
우리 아기도 다른 사람들에게 복의 통로가 되는 사람이기를 기도하오니,
복의 통로로 쓰임 받을 믿음을 더하여 주소서.
하나님의 말씀에 순종하는 믿음이 있게 하소서.
예수님의 이름으로 기도합니다. 아멘.

구약 5 화평의 사람 이삭

말씀을 듣기 전에

아가야, 엄마는 네가 웃음이 많은 사람이면 좋겠어.
하지만 세상은 늘 웃을 일만 있는 것은 아니란다.
어떤 때에는 억울한 일도 있고, 화나는 일도 있지.
그런데 하나님은 우리가
그런 상황 속에서도 화평을 이루어 가기를 원하신단다.
양보하고 또 양보하면서 말이야.
처음에는 손해를 보는 것 같지만
하나님은 그것을 모두 아시고, 좋은 것으로 채워주신단다.
그럼 이제 양보하고 또 양보하는 사람의 이야기를 들어보렴.
그 사람의 이름은 이삭인데 그 뜻이 '웃음'이란다.
아가야, 환하게 웃으며 말씀을 잘 들어보렴.

처음 듣는 하나님의 말씀

이삭이 그 땅에 씨를 뿌려 그 해에 백 배의 많은 곡식을 거두어들였습니다. 여호와께서 이삭에게 큰 복을 주시니 이삭은 부자가 되었고, 점점 더 큰 부자가 되었습니다. 이삭에게 양 떼와 소 떼가 많고, 또 많은 종들을 거느리자 블레셋 사람들이 이삭을 질투했습니다.

블레셋 사람들은 이삭의 아버지 아브라함의 종들이 판 우물들을 흙으로 덮어 버렸습니다. 그 우물들은 아브라함이 살아 있을 때에 판 것이었습니다.

아비멜렉*이 이삭에게 말했습니다.

"우리나라를 떠나라. 너는 우리보다 훨씬 더 강해졌다."

그래서 이삭은 그곳을 떠났습니다. 이삭은 그랄 골짜기에 장막을 치고 그곳에서 살았습니다.

이삭은 자기 아버지 아브라함이 팠던 우물들을 다시 팠습니다. 아브라함이 죽은 뒤에 블레셋 사람들이 그 우물들을 막아 버렸기 때문입니다. 이삭은 우물들을 다시 판 다음에 그 우물들의 이름을 아버지가 불렀던 대로 불렀습니다. 이삭의 종들이 골짜기에 땅을 파서 샘물이 솟아오르는 곳을 찾았습니다. 그런데 그랄에서 양을 치고 있던 사람들과 이삭

---

* **아비멜렉** 당시 블레셋의 왕이었단다. 개인의 이름이 아니라 왕을 뜻하는 호칭이라는 주장도 있다고 해.

의 종들 사이에 다툼이 일어났습니다. 그랄의 목자들이 말했습니다.

"이 우물은 우리 것이다."

그래서 이삭은 그 우물의 이름을 에섹이라고 지었습니다.

이삭의 종들은 또 다른 우물을 팠습니다. 그러나 또 사람들이 와서 그 우물을 두고 서로 다투었습니다. 그래서 이삭은 그 우물의 이름을 싯나라고 지었습니다. 이삭이 그곳에서 이사해서 또다시 우물을 팠습니다. 이번에는 시비를 거는 사람이 아무도 없었습니다. 그래서 이삭은 그 우물의 이름을 르호봇이라고 짓고, "이제 여호와께서 넓은 곳을 주셨으니, 우리는 이 땅에서 성공할 것이다"라고 말했습니다.

이삭은 그곳에서 브엘세바로 갔습니다. 여호와께서 그날 밤에 이삭에게 나타나셔서 말씀하셨습니다.

"나는 네 아버지 아브라함의 하나님이다. 너는 두려워하지 마라. 내가 내 종 아브라함을 위해서 너와 함께 있겠고, 너에게 복을 주며 많은 자손을 줄 것이다."

그래서 이삭은 그곳에 제단을 쌓고 여호와께 예배드렸습니다. 이삭은 그곳에 장막을 치고, 그의 종들은 우물을 팠습니다.

아비멜렉이 그랄에서 이삭을 만나기 위해 왔습니다. 아비멜렉은 그의 비서 아훗삿과 비골을 데리고 왔습니다. 이삭이 그들에게 물었습니다.

"무슨 일로 왔습니까? 당신들은 나를 미워하여 쫓아 내지 않았습니까?"

그들이 대답했습니다.

"우리가 여호와께서 당신과 함께하심을 분명히 보았으니, 우리 서로 맹세하고 언약을 맺읍시다. 우리는 당신을 해치지 않고 당신에게 잘해 주었으며, 당신이 평안히 돌아갈 수 있게 해 주었소. 그러니 당신도 우리를 해치지 마시오. 당신은 여호와께 복을 받은 사람이오."

그래서 이삭은 음식을 준비하여 그들과 함께 먹고 마셨습니다.

이튿날 아침에 그들은 일찍 일어나 서로 언약을 맺었습니다. 언약을 맺은 다음 이삭이 그들을 보내니, 그들이 평화롭게 떠났습니다. 그날 이삭의 종들이 이삭에게 와서 자기들이 판 우물에 대해 이야기했습니다.

"저 우물에서 물이 나왔습니다."

그래서 이삭은 그 우물의 이름을 세바라고 지었습니다. 사람들은 지금까지도 그 성을 브엘세바라고 부릅니다. (창세기 26:12-33, 쉬운성경)

쑥쑥 자라나는 기도

우리에게 웃을 수 있는 복을 주시는 하나님, 감사합니다.
우리가 속상함을 겪을 때에도 너그러이 웃을 수 있는 믿음과
이웃에게 양보하며 화평을 만들어 가는 능력을 주실 것을 믿습니다.
우리 아기가 밝은 모습으로 언제나
사람들에게 기쁨을 주는 사람이 되게 하소서.
하나님의 풍성함을 경험하는 사람이 되게 하소서.
예수님의 이름으로 기도합니다. 아멘.

화평하게 하는 자들은 화평으로 심어
의의 열매를 거두느니라

야고보서 3장 18절

구약 6 야곱의 사다리

말씀을 듣기 전에

아가야, 사람들은 누구나 욕심으로 인하여
잘못을 저지를 때가 있단다.
물론 죄는 나쁜 것이지만 하나님은
우리의 연약함을 아시기 때문에 변함없이 함께 하시면서
우리가 해야 할 일들을 알려주신단다.
아가야, 엄마는 네가 때로는 잘못을 저지르게 될 때가 있다해도,
하나님을 떠나지 않고 평안하게 자라기를 바란단다.
그래서 오늘 야곱에게 보여주신 하나님의 사랑 이야기를 들려주려고 해.
야곱은 형의 축복을 가로채고서 화가 난 형을 피해 도망치고 있었단다.
그런 야곱에게 하나님은 어떻게 나타나셨을까?
말씀을 잘 들어보렴. 그리고 기억하렴.
야곱을 사랑하신 하나님께서 지금 이 순간
너를 사랑하시고 지켜주신다는 것을 말이야.

처음 듣는 하나님의 말씀

야곱은 브엘세바를 떠나 하란으로 갔습니다. 어느 곳에 이르렀을 때에 해가 저물어, 야곱은 그곳에서 하룻밤을 지냈습니다. 야곱은 그곳에서 돌 하나를 주워 그것을 베개 삼아 잠을 잤습니다.

야곱은 꿈을 꾸었습니다. 사다리 하나가 땅에 세워져 있는데, 그 꼭대기가 하늘에 닿아 있었습니다. 그리고 하나님의 천사들이 사다리 위로 오르락내리락 하고 있었습니다. 야곱은 여호와께서 사다리 위에 서 계신 모습을 보았습니다. 여호와께서 말씀하셨습니다.

"나는 네 할아버지 아브라함의 하나님, 이삭의 하나님 여호와다. 내가 너와 네 자손에게 네가 지금 자고 있는 땅을 줄 것이다. 네 자손은 땅의 티끌처럼 많아져서 동서남북 사방으로 퍼지며, 땅 위의 모든 민족들이 너와 네 자손을 통해 복을 받을 것이다. 나는 너와 함께하고 네가 어디로 가든 너를 지켜 줄 것이다. 그리고 너를 다시 이 땅으로 데려오리니, 내가 너에게 약속한 것을 다 이루어 주기 전까지 너를 떠나지 않을 것이다."

그때에 야곱이 잠에서 깨어나 말했습니다.

"여호와께서 분명히 이곳에 계시는데 나는 그것을 모르고 있었구나."

야곱은 두려워하며 또 말했습니다.

"이곳은 두려운 곳이다. 이곳은 하나님의 집이요, 하늘의 문이다."

야곱은 아침 일찍 일어나 베개로 삼고 잤던 돌을 가져다가 기둥처럼 세웠습니다. 그리고 그 꼭대기에 기름을 부었습니다. 원래 그 성의 이름은 루스였으나, 야곱은 그 성의 이름을 벧엘이라고 불렀습니다. 야곱은 이렇게 맹세했습니다.

"하나님께서 저와 함께하여 주시고, 이 여행길에서 저를 지켜 주시고, 먹을 음식과 입을 옷을 주셔서 무사히 아버지의 집으로 돌아갈 수 있게 해 주시면 여호와를 저의 하나님으로 섬기겠습니다. 내가 기둥처럼 세운 이 돌은 하나님의 집이 될 것입니다. 하나님께서 저에게 주신 모든 것의 십분의 일을 하나님께 바치겠습니다." (창세기 28:10-22, 쉬운 성경)

쑥쑥 자라나는 기도

우리의 연약함을 아시는 하나님,
우리가 잘못을 했을 때에도 우리를 떠나지 않으시며,
함께 하시겠노라고 약속해 주셔서 감사합니다.
때마다 우리의 잘못을 일깨워 주시고, 선한 길로 인도해 주소서.
우리 가족이 하나님으로 인하여 평안을 누리게 하시고,
주님의 사랑으로 두려움을 이기게 하여 주소서.
우리 아기도 평강의 복을 주시는 하나님으로 인하여
든든한 마음을 갖게 하소서.
온전히 하나님만 의지하며, 우리를 지키시는 하나님을 기억하게 하소서.
예수님의 이름으로 기도합니다. 아멘.

구약 7 꿈쟁이 요셉

말씀을 듣기 전에

아가야, 하나님께서는 우리를 향한 계획이 있단다.

그 계획을 미리 알 수는 없지만

우리를 어떻게 인도하실지 기대하며 꿈을 꿀 수는 있지.

하나님께서 주신 꿈을 품고 사는 사람은 어려움 속에서도

좌절하지 않고, 강건하게 이겨 낼 수 있거든.

엄마는 너를 향하신 하나님의 계획을 기대하며 꿈을 꾸고 싶구나.

네가 이 세상에서 하나님의 꿈을 이루며 살기를 기도할게.

그리고 하나님께서 우리에게 이루신 일들을 마음껏 자랑하자.

자, 이제 말씀을 들어보렴.

하나님께서 주신 꿈을 소중히 여긴 한 아이의 이야기란다.

그 아이에게 하나님이 어떤 꿈을 꾸게 하셨는지 잘 들어보렴.

처음 듣는 하나님의 말씀

야곱은 자기 아버지가 살았던 가나안 땅에서 살았습니다. 다음은 야곱의 가족 이야기입니다.

열일곱 살이 된 젊은 요셉은 그의 형제들과 함께 양 떼를 치고 있었습니다. 요셉의 형들은 그의 아버지의 첩인 빌하와 실바의 아들들이었습니다. 요셉은 형들의 잘못을 아버지에게 가서 그대로 일러바치곤 하였습니다. 요셉은 야곱이라고도 부르는 아버지 이스라엘이 늙어서 낳은 아들이었으므로, 이스라엘은 다른 어느 아들보다도 요셉을 더 사랑했습니다. 이스라엘은 요셉에게 소매가 긴 좋은 옷을 만들어 주었습니다. 요셉의 형들은 아버지가 자기들보다 요셉을 더 사랑하는 것을 알고 동생 요셉을 미워하여 요셉에게 인사말도 건네지 않았습니다.

어느 날, 요셉이 꿈을 꾸었습니다. 요셉이 그 꿈 이야기를 형들에게 들려주자, 형들은 요셉을 더 미워했습니다. 요셉이 말했습니다.

"내가 꾼 꿈 이야기를 들어 보세요. 우리가 들에서 곡식 단을 묶고 있는데, 내 곡식 단이 일어서니까, 형들의 곡식 단이 내 곡식 단 곁으로 몰려들더니 내 곡식 단 앞에 절을 했어요."

요셉의 형들이 말했습니다.

"네가 우리의 왕이라도 될 줄 아느냐? 네가 정말로 우리를 다스리게 될 줄 아느냐?"

요셉의 형들은 요셉이 말한 꿈 이야기 때문에 그전보다도 더 요셉을 미워했습니다. 그 후에 요셉이 또 꿈을 꾸었습니다. 요셉은 그 꿈 이야기를 또 형들에게 들려주었습니다.

"들어 보세요. 내가 또 꿈을 꾸었어요. 꿈에서 보니까 해와 달과 별 열한 개가 나에게 절을 했어요."

요셉은 그 꿈 이야기를 자기 아버지에게도 했습니다. 그러자 요셉의 아버지는 요셉을 꾸짖었습니다.

"그게 도대체 무슨 꿈이냐? 너는 정말로 너의 어머니와 너의 형들과 내가 너에게 절을 할 것이라고 믿느냐?"

요셉의 형들은 요셉을 질투했습니다. 그러나 요셉의 아버지는 그 모든 것을 마음속에 새겨 두고 있었습니다. (창세기 37:1-11, 쉬운성경)

쑥쑥 자라나는 기도

우리에게 꿈을 주시는 하나님, 감사합니다.
우리 아기에게도 꿈을 주시며 하나님께서 그 길을
인도해 주실 것을 믿습니다.
하나님께서 인도하시는 걸음을 부모인 저와 아기가 함께 깨닫게 하소서.
아기에게 행하신 놀라운 일들로 살아 계신 하나님을 자랑하게 하시며,
하나님이 인도하시는 걸음을 당당히 걸어가게 하소서.
주변 사람들의 시선으로 인하여 흔들리지 않게 하시고,
하나님이 주시는 강건함으로 인내하며
한 걸음 한 걸음 나아가게 하소서.
꿈을 주시는 하나님을 찬양합니다.
예수님의 이름으로 기도합니다. 아멘.

구약 8 모세를 부르시는 하나님

말씀을 듣기 전에

아가야, 하나님은 놀라운 일을 하시기 위해 사람을 택하신단다.
하나님께서 부르실 때는 감당해야 할 일들이
어렵게 느껴져서 두려울 수도 있단다.
피하고 싶은 마음이 생길 수도 있지.
하지만 하나님은 그를 홀로 두지 않으신단다.
감당할 수 있는 믿음과 능력,
함께 할 사람까지도 준비해 놓으시고 보여주신다.
우리의 약함을 누구보다도 잘 아시기 때문이야.
아가야, 엄마는 네가 완벽하지 않아도 좋아.
하지만 하나님께 쓰임 받는 사람이 되었으면 좋겠구나.
이스라엘 사람들을 이집트에서 이끌어 내기 위해
하나님께서 택한 사람이 누구인지 궁금하지 않니?
하나님께서 그 사람을 어떻게 지도자가 되게 하시는지 잘 들어보렴.

처음 듣는 하나님의 말씀

모세가 이드로의 양 떼를 돌보고 있던 때의 일입니다. 이드로는 미디안의 제사장이며 모세의 장인입니다. 모세는 광야의 서쪽으로 양 떼를 몰고 갔습니다. 모세는 하나님의 산인 호렙산에 이르렀습니다. 그곳에서 여호와의 사자가 떨기나무의 불꽃 속에서 모세에게 나타났습니다. 그 나무는 불붙고 있었지만, 타서 없어지지는 않았습니다. 그래서 모세는, "가까이 가서 이 이상한 일을 살펴보아야 하겠다. 어떻게 나무에 불이 붙었는데 타지 않을 수 있을까?" 하고 말했습니다.

여호와께서 모세가 그 나무를 살펴보려고 올라오는 모습을 보셨습니다. 그래서 하나님께서는 나무 사이에서 "모세야, 모세야!" 하며 그를 부르셨습니다. 모세는 "제가 여기에 있습니다." 하고 대답했습니다. 하나님께서 말씀하셨습니다.

"더 가까이 오지 마라. 네 신발을 벗어라. 너는 지금 거룩한 땅 위에 서 있느니라. 나는 네 조상의 하나님이다. 나는 아브라함의 하나님, 이삭의 하나님, 야곱의 하나님이다."

모세는 하나님을 바라보는 것이 두려워서 얼굴을 가렸습니다. 여호와께서 말씀하셨습니다.

"나는 내 백성이 이집트에서 고통당하고 있는 것을 보았고, 또 이집트의 노예 감독들이 내 백성을 때릴 때에 그들이 울부짖는 소리를 들었다. 나는 그들이 얼마나 괴로워하는지를 알고 있다. 나는 그들을 이집트 사람들에게서 구해 주려고 내려왔다. 나는 그들을 그 땅에서 인도해 내고 그들을 넓고도 좋은 땅으로 인도하여 갈 것이다. 그 곳은 젖과 꿀이 넘쳐흐를 만큼 비옥한 땅이며, 가나안 사람, 헷 사람, 아모리 사람, 브리스 사람, 히위 사람, 그리고 여부스 사람들의 땅이다. 나는 이스라엘 백성의 울부짖는 소리를 들었고, 이집트 사람들이 그들을 괴롭히는 것을 보았다. 그래서 나는 지금 너를 파라오에게 보내려 하니, 가거라! 가서 내 백성 이스라엘 사람들을 이집트에서 인도해 내어라!"

그러자 모세가 하나님께 말했습니다.

"제가 누구인데 그런 일을 합니까? 어찌하여 제가 파라오에게 가서 이스라엘 백성을 인도해 내야 합니까?"

하나님께서 말씀하셨습니다.

"내가 너와 함께 있겠다. 네가 이집트에서 이스라엘 백성을 인도해 낸 후, 너희 모두는 이 산에서 하나님을 예배하게 될 것인데, 이것이 너를 보내는 증거다."

모세가 하나님께 말했습니다.

"제가 이스라엘 백성에게 가서 그들에게 '너희 조상의 하나님께서 나를 보내셨다'라고 말했을 때, 그들이 '그 하나님의 이름이 무엇이냐?' 하고 물으면 어떻게 대답해야 합니까?"

하나님께서 모세에게 말씀하셨습니다.

"나는 스스로 있는 자이다. 너는 이스라엘 백성에게로 가서 '스스로 있는 분이 나를 너희에게 보내셨다'고 말하여라."

모세가 대답했습니다.

"만약 이스라엘 백성이 내 말을 믿지 않거나 따르지 않으면 어떻게 합니까? 만약 그들이 '여호와께서는 너에게 나타나지 않으셨다'라고 하면 어떻게 합니까?"

여호와께서 모세에게 말씀하셨습니다.

"네 손에 있는 것이 무엇이냐?"

모세가 대답했습니다.

"제 지팡이입니다."

여호와께서 말씀하셨습니다.

"그것을 땅에 던져라."

모세가 지팡이를 땅에 던지자 지팡이가 뱀이 되었습니다. 모세는 뱀을 피해 달아났습니다. 여호와께서 모세에게 말씀하셨습니다.

"손을 펴서 뱀의 꼬리를 붙잡아라."

모세는 손을 펴서 뱀의 꼬리를 붙잡았습니다. 그러자 뱀이 모세의 손에서 다시 지팡이가 되었습니다. 주님께서 말씀하셨습니다.

"이런 일이 일어나면, 이스라엘 백성은 그들의 조상의 하나님 곧 아브라함의 하나님, 이삭의 하나님, 야곱의 하나님이신 여호와께서 너에게 나타났다는 것을 믿을 것이다."

여호와께서 또 모세에게 말씀하셨습니다.

"네 손을 옷 안에 넣어 보아라."

그래서 모세는 손을 옷 안에 넣었습니다. 모세가 다시 손을 빼어 보니 손에 문둥병이 생겨서 눈처럼 하얗게 되었습니다. 주님께서 말씀하셨습니다.

"이제 손을 옷 안에 다시 넣어 보아라."

그래서 모세가 다시 손을 옷 안에 넣었다가 빼어 보니, 손이 그전처럼 깨끗해졌습니다. 몸의 다른 살과 똑같아진 것입니다. 여호와께서 말씀하셨습니다.

"백성들이 너를 믿지 않고, 또 첫 번째 기적을 못 믿을지라도 이 두 번째 기적은 믿을 것이다. 만약 백성이 이 두 가지 기적을 다 믿지 못하거든, 나일 강에서 물을 퍼다가 땅에 부어 보아라. 그러면 그 물이 땅 위에서 피로 변할 것이다."

그러나 모세가 여호와께 말했습니다.

"하지만 주님, 저는 말을 잘 할 줄 모릅니다. 전에도 그랬지만, 주님께서 저에게 말씀하시는 지금도 저는 말을 잘 할 줄 모릅니다. 저는 말을 느리게 할 뿐만 아니라 훌륭하게 말하는 법도 모릅니다."

여호와께서 모세에게 말씀하셨습니다.

"누가 사람의 입을 만들었느냐? 누가 말 못하는 자를 만들고, 듣지 못하는 자를 만드느냐? 누가 앞을 보는 자나 앞을 보지 못하는 자를 만드느냐? 나 여호와가 아니냐? 그러니 가거라! 내가 네 입과 함께 하겠다. 네가 할 말을 내가 가르쳐 줄 것이다."(출애굽기 3:1-14; 4:1-12, 쉬운 성경)

쑥쑥 자라나는 기도

이스라엘 백성을 이집트에서 이끌어 내기 위하여
모세를 택하신 하나님,
우리가 부족하고 연약할지라도 하나님의 뜻이라면
하나님의 역사를 위하여 사용하시는 줄로 믿습니다.
우리 아기가 어떠한 재능과 기질을 가지고 태어나게 될지는 모르지만
하나님께서 빚으셨으니 하나님의 뜻을 따라 사용하여 주소서.
하나님의 선하신 뜻에 순종하며
하나님께 쓰임 받기를 기뻐하게 하소서.
그리하여 자신만을 위하여 사는 삶이 아니라
이웃과 민족과 열방을 섬기는 사람이 되게 하여 주소서.
예수님의 이름으로 기도합니다. 아멘.

구약 9 이집트에서 인도하신 하나님

말씀을 듣기 전에

하나님은 하나님의 백성을 지키시고 인도하신단다.
이집트에 사는 이스라엘 백성들이 점점 많아지면서
파라오는 이스라엘 백성들에게 힘든 일을 시켰지.
그때 이스라엘 백성들은 너무 힘들어서
하나님께 울며 간절히 기도했고,
하나님께서 그 기도를 들으셨단다.
이스라엘 백성들은 하나님께서 인도해 주시는 곳으로
이사를 가게 되었어. 하지만 그 길은 그리 쉽지만은 않은 길이었단다.
그래도 하나님은 이스라엘 백성을 홀로 두지 않으시고
하나님의 방법으로 지키시며 놀라운 방법으로 인도해 주셨지.
아가야, 지금부터 이스라엘 백성을 인도하며 지키시는
하나님의 놀라운 이야기를 들어보렴.

처음 듣는 하나님의 말씀

여호와께서는 이스라엘 백성에게 길을 가르쳐 주셨습니다. 낮에는 구름 기둥으로 인도하셨고, 밤에는 불 기둥으로 불을 밝히시면서 인도하셨습니다. 그래서 이스라엘 백성은 밤낮으로 갈 수 있었습니다. 낮에는 구름 기둥이, 밤에는 불 기둥이 이스라엘 백성을 떠나지 않았습니다.

이집트 왕은 이스라엘 백성이 이미 도망쳤다는 소식을 들었습니다. 파라오와 그의 신하들은 이스라엘 백성에 대해서 마음을 바꾸었습니다. 그들이 말했습니다.

"우리 밑에서 종살이하던 이스라엘 백성을 내보냈으니, 우리가 어쩌자고 이런 일을 했을까?"

그래서 파라오는 자기 전차를 준비시킨 뒤, 군대를 이끌고 나갔습니다. 그는 또 특별히 고른 전차 육백 대와 이집트의 다른 전차들을 거느리고 나갔습니다. 각 전차마다 장교들이 타고 있었습니다. 여호와께서 이집트 왕 파라오의 마음을 고집스런 채로 두셨기 때문에, 그는 의기양양하게 이집트 땅을 빠져 나가고 있던 이스라엘 백성을 뒤쫓았습니다. 파라오는 말과 전차와 전차를 모는 군인들과 자기 군대를 이끌고 이스라엘 백성을 뒤쫓았습니다. 그들은 이스라엘 백성이 홍해 곁에 진을 치고 있을 때에 이스라엘 백성을 따라잡았습니다. 그곳은 비하히롯과 바알스본에서 가까운 곳이었습니다. 파라오가 가까이 왔을 때, 이스라엘 백성은 왕과 왕의 군대가 가까이 뒤쫓아 온 것을 보고 너무나 무서워서 여호와께 부르짖었습니다. 이스라엘 백성이 모세에게 말했습니다.

"이집트에 무덤이 없어서 우리를 이 광야로 끌어내어 죽이려는 거요? 왜 우리를 이집트에서 데리고 나왔소? 우리가 이집트에 있을 때, '우리는 여기에 남아서 이집트 사람들을 섬길 테니 우리를 내버려 두시오'라고 말하지 않았소? 이집트 사람들을 섬기는 것이 광야에서 죽는 것보다 우리에게는 낫소."

하지만 모세가 대답했습니다.

"두려워하지 마시오! 굳게 서서 여호와께서 오늘 여러분에게 베푸실 구원을 보시오. 오늘이 지나면, 이 이집트 사람들을 다시는 보지 않게 될 것이오. 그저 가만히 있기만 하시오. 여호와께서 여러분을 위해 싸워 주실 것이오."

그때에 여호와께서 모세에게 말씀하셨습니다.

"너는 왜 나에게 부르짖느냐? 이스라엘 백성에게 명령하여 앞으로 나아가게 하여라. 네 지팡이를 들어 바다를 가리켜라. 그러면 바다가 갈라질 것이고, 백성은 마른 땅 위로 바다를 건널 수 있을 것이다. 내가 이집트 사람들을 고집스러운 채로 둘 것이니, 그들이 너희를 뒤쫓을 것이다. 하지만 나는 파라오와 그의 모든 군대와 그의 전차를 모는 군인들과 전차들을 물리쳐서 영광을 받을 것이다. 내가 파라오와 그의 전차를 모는 군인들과 전차들을 물리쳐서 영광을 받게 되면, 이집트 사람들도 내가 여호와라는 것을 알게 될 것이다."

이스라엘 백성들 앞에서 인도하고 있던 하나님의 사자가 이스라엘 백성의 뒤로 옮겨 갔습니다. 그리고 구름 기둥도 이스라엘 백성의 앞에서 뒤로 옮겨 갔습니다. 구름 기둥은 이집트 군대와 이스라엘 백성 사이에 섰습니다. 구름 기둥은 이집트 군대가 있는 쪽은 어둡게 만들고, 이스라엘 백성이 있는 쪽은 환하게 만들었습니다. 그래서 밤새도록 이집트 군대는 이스라엘 백성을 따라잡지 못했습니다. 모세가 손을 들어 바다를 가리켰습니다. 여호와께서 밤새도록 강한 동풍을 일으키셔서 바닷물을 뒤로 밀어 내셨습니다. 그리하여 바다를 마른 땅으로 바꾸어 놓으셨습니다. 바다가 둘로 갈라지고 마른 땅이 되었습니다. 이스라엘 백성은 마른 땅을 밟고 바다를 건넜습니다. 양쪽에는 바닷물이 벽을 이루고 있었습니다. 그러자 파라오의 말과 전차와 전차를 모는 군인들이 이스라엘 백성을 뒤쫓아 바다로 들어왔습니다. 새벽이 되어, 여호와께서 구름 기둥과 불 기둥 사이에서 이집트 군대를 보시고 이집트 군대를 어수선하게 하셨습니다. 여호와께서는 전차 바퀴를 벗겨서 굴러가지 못하게 만드셨습니다. 그래서 전차가 앞으로 잘 나아가지 못했습니다. 이집트 군인들은 "이스라엘 사람들을 쫓지 말고 돌아가자! 여호와가 그들 편이 되어 우리와 싸운다!" 하고 소리 질렀습니다.

여호와께서 모세에게 말씀하셨습니다.

"네 손을 들어 바다를 가리켜라. 그러면 바닷물이 다시 돌아와 이집트 군인과 그들의 전차와 전차를 모는 군인들을 덮을 것이다."

그리하여 모세는 손을 들어 바다를 가리켰습니다. 새벽이 되자, 바닷물이 다시 깊어지기 시작했습니다. 이집트 군인들은 바다에서 도망치려고 했습니다. 그러나 여호와께서 그들을 바다에 빠뜨리셨습니다. 바닷물이 다시 깊어져서 전차와 전차를 모는 군인들을 덮어 버렸습니다. 그리하여 이스라엘을 뒤쫓아 바다로 들어갔던 파라오의 군대가 모두 바다에 빠져 한 사람도 살아남지 못했습니다. 하지만 이스라엘 백성은 마른 땅 위로 바다를 건넜습니다. 이스라엘 백성의 양쪽으로 바닷물이 벽을 이루고 있었습니다.

그날, 여호와께서는 이스라엘 백성을 이집트 사람들에게서 구해 주셨습니다. 이스라엘 백성은 바닷가에 널려 있는 이집트 군인들의 시체를 보았습니다. 이스라엘 백성은 여호와께서 이집트 사람들을 물리치신 큰 능력을 보고 여호와를 두려워했습니다. 그리고 이스라엘 백성은 여호와와 여호와의 종 모세를 믿었습니다. (출애굽기 13:21-22; 14:5-31, 쉬운성경)

쑥쑥 자라나는 기도

하나님의 백성을 지키시고 인도하시는 하나님, 감사합니다.
우리의 필요를 미리 아시고, 우리의 기도를 들으시며
하나님의 방법으로 응답해 주심을 믿습니다.
우리 아기도 살아 계신 하나님을 보게 하소서.
하나님을 믿으며 강건하게 살아가게 하소서.
어려움 중에 불평하기 보다는 간절히 기도하게 하시며,
하나님을 신뢰하며 하나님의 응답을 기대하며 살아가게 하소서.
예수님의 이름으로 기도합니다. 아멘.

구약 10 하나님이 주신 십계명

말씀을 듣기 전에

아가야, 엄마는 우리 가족이 모두 행복하기를 바란단다.
얼굴에는 항상 웃음이 떠나지 않고,
온 가족이 서로를 존중하고 귀히 여기며, 날마다 감사하며 살기를 원해.
하나님도 우리가 행복하기를 바라신단다.
때로는 엄하기도 하시지만 우리를 사랑하는 하나님의 마음이
깊고 크시다는 것을 기억해야 해. 알았지?
진정한 행복을 위해 하나님께서 주신 계명이
무엇인지 잘 들어 보렴.
그 계명을 지키며 우리가 어떻게 살아야 하는지
생각해 보는 것도 좋겠구나.
하나님의 사랑 가운데 행복하게 살기를 바라시는
하나님의 열 가지 계명. 잘 듣고 기억하렴.

처음 듣는 하나님의 말씀

모세가 이스라엘 백성을 다 모아 놓고 말했습니다.

"이스라엘 백성들이여, 내가 오늘 여러분에게 주는 명령과 율법을 귀담아 듣고 잘 배우며 부지런히 지키시오. 우리 하나님 여호와께서 우리와 시내 산에서 언약을 맺으셨소. 우리 조상들과 맺으신 것이 아니라 우리와 맺으신 것이오. 오늘까지 여기에 살아 있는 우리 모두와 맺으셨소. 여호와께서는 여러분에게 얼굴과 얼굴을 맞대고 말씀하셨으며 산 위의 불 가운데서 말씀하셨소. 그때, 나는 여러분과 여호와 사이에 서 있었소. 나는 여호와께서 말씀하신 것을 여러분에게 전했소. 여러분은 불을 두려워하여 산에 가까이 가려 하지 않았소. 여호와께서 말씀하셨소."

나는 너희가 종으로 있던 이집트에서 너희를 인도해 낸 너희의 하나님 여호와이다.

너희는 나 외에 다른 신들을 섬기지 마라.

너희는 어떤 우상도 만들지 마라. 저 위로 하늘에 있는 것이든, 저 아래로 땅에 있는 것이든, 땅 아래 물에 있는 것이든 그 어떤 모습의 우상도 만들지 마라. 너희는 어떤 우상에게도 예배하지 말고 절하지 마라. 이는 나 여호와 너희의 하나님은 질투하는 하나님이기 때문이다. 나에게 죄를 짓고 나를 미워하는 사람에게는 삼사 대 자손에게까지 벌을 내릴 것이다. 그러나 나를 사랑하고 나의 명령에 복종하는 사람에게는 수천 대 자손에게까지 자비를 베풀 것이다.

너희는 너희 하나님 나 여호와의 이름을 함부로 쓰지 마라. 왜냐하면 나 여호와는 내 이름을 함부로 부르는 사람을 죄 없는 사람으로 보지 않기 때문이다.

안식일을 거룩한 날로 지켜라. 나 여호와 너희의 하나님이 그렇게 명령하였다. 너희는 육 일 동안, 힘써서 모든 일을 하여라. 그러나 칠 일째 되는 날은 너희 하나님 나 여호와를 기리며 쉬는 날이다. 그날에는 아무도 일하지 마라. 너나, 너의 아들이나 딸이나, 너의 남종이나 여종이나 그 누구도 일하지 마라. 또한 너희 소나 나귀나 그 밖에 어떤 가축도 일하게 하지 마라. 그리고 너희 성에서 사는 외국인도 일해서는 안 된다. 너희와 마찬가지로 너희 종들도 쉬게 하여라. 너희가 이집트에서 종 되었을 때, 너희 하나님 나 여호와는 큰 힘과 능력으로 너희를 이집트에서 인도해 내었다. 그러므로 너희 하나님 나 여호와가 너희에게 안식일을 지키라고 명령하는 것이다.

너희는 너희 하나님 나 여호와가 명령한 대로 너희 아버지와 어머니를 잘 섬겨라. 그리하면 너희 하나님 나 여호와가 너희에게 영원히 주는 이 땅에서 오랫동안 잘 살 수 있을 것이다.

너희는 살인하지 마라.

너희는 간음하지 마라.

너희는 도둑질하지 마라.

너희는 재판을 할 때 이웃에 대하여 거짓 증언을 하지 마라.

너희는 이웃의 아내를 탐내지 마라.

너희는 이웃의 집이나 땅이나 남종이나 여종이나 소나 나귀를 탐내지 마라. 이웃의 것은 어떤 것도 탐내지 마라.

"여호와께서는 이 명령을 그 산 위에서 여러분 모두에게 주셨소. 여호와께서는 이 명령을 불 가운데서 큰 소리로 말씀하셨소. 또한 구름 속에서, 그리고 깊은 어둠 속에서 말씀하셨소. 그리고는 더 이상 아무 말씀도 하지 않으시고 이 말씀을 두 돌 판에 새겨서 나에게 주셨소. 그러니 여러분의 하나님 여호와께서 여러분에게 명령하신 것을 잘 지키도록 하시오. 여호와의 명령에서 오른쪽으로나 왼쪽으로 벗어나지 말고 그대로 지키시오. 여러분의 하나님 여호와께서 여러분에게 명령하신 대로 살면 여러분은 삶을 얻고 복을 얻을 것이요, 여러분이 차지할 땅에서 오래오래 살 것이오." (신명기 5:1-22, 32-33, 쉬운성경)

쑥쑥 자라나는 기도

온 세상을 아름답게 지으시고,
그 안에서 행복을 누리기를 원하시는 하나님,
하나님이 주신 열 가지 계명을 지킬 때에
우리에게 행복과 평안이 있음을 믿습니다.
그러나 우리가 연약하고 어리석어서
그 계명을 잊고 지키지 못 할 때가 있사오니
용서하여 주소서.
때마다 하나님의 질서 안에 있는 하나님의 사랑을 기억하게 하시며,
하나님이 주신 계명을 사랑의 마음으로 지킬 수 있게 하셔서,
우리 아기와 더불어 행복한 가정을 이루어 가게 하소서.
예수님의 이름으로 기도합니다. 아멘.

나의 계명을 지키는 자라야 나를 사랑하는 자니
나를 사랑하는 자는 내 아버지께 사랑을 받을 것이요
나도 그를 사랑하여 그에게 나를 나타내리라

요한복음 14장 21절

구약 11 하나님의 약속

말씀을 듣기 전에

아가야, 네가 평생에 기억해야 할 것이 있단다.
이 세상을 창조하시고, 생명을 주신 분이 하나님이라는 것,
지금 엄마 배 속에 있는 너를 빚으시고 자라게 하시는 분,
너보다 너를 더 잘 알고 사랑하시는 분,
이 세상의 모든 일을 주관하시는 분,
그분은 하나님이라는 것을 너는 꼭 기억하며 살아야 한단다.
우리에게 생명 주신 그 하나님께서는 우리를 사랑하셔서
우리에게 기억하라고 부탁하신 약속이 있단다.
이스라엘 백성에게 알려주신 약속이야.
그 약속을 우리도 꼭 기억하라고 성경에 적어두셨단다.
그 약속이 무엇인지 엄마가 들려줄게.
잘 듣고 기억하렴. 엄마도 기억하여 네게 가르쳐 줄게.

처음 듣는 하나님의 말씀

"이스라엘 백성들이여, 들으시오. 우리 하나님 여호와는 오직 한 분뿐이신 여호와시오. 여러분의 하나님 여호와를 마음과 뜻과 힘을 다하여 사랑하시오. 내가 오늘 여러분에게 주는 이 명령을 항상 마음속에 기억하시오. 그리고 여러분 자녀에게도 가르쳐 주시오. 집에 앉아 있을 때나 길을 걸어갈 때, 자리에 누웠을 때나 자리에서 일어날 때, 언제든지 그것을 가르쳐 주시오. 그것을 써서 손에 매고 이마에 붙여 항상 기억하고 생각해야 합니다. 여러분의 집 문설주와 대문에도 써서 붙이시오.

여러분의 하나님 여호와께서 여러분의 조상 아브라함과 이삭과 야곱에게 약속하신 땅으로 여러분을 인도하시고 그 땅을 여러분에게 주실 것이오. 그 땅에는 여러분이 세우지 않은 크고 훌륭한 성들이 있소. 또 여러분이 채워 놓지 않은 훌륭한 물건들로 가득 찬 집들이 있고, 여러분이 파지 않은 우물들이 있으며, 여러분이 심지 않은 포도밭과 올리브 나무들이 있소. 여러분은 먹고 싶은 것을 마음껏 먹을 것이오. 그때에 이집트 땅에서 종살이했던 여러분을 인도해 내신 이가 여호와임을 잊지 않도록 조심하시오. 여러분의 하나님 여호와를 존경하고 오직 여호와만을 섬기시오. 맹세할 때에는 여호와의 이름으로만 맹세하시오. 여러분 주변에 사는 다른 백성들처럼 다른 신을 섬기지 마시오. 여러분 가운데 계신 여러분의 여호와 하나님은 질투하시는 하나님이시오. 여러분이 다른 신들을 섬기면, 여호와께서는 노하시고 여러분을 이 땅에서 없애 버리실 것이오. 여러분은 맛사에서처럼 여러분의 하나님 여호와를 시험하지 마시오. 여러분의 하나님 여호와의 명령을 잘 지키시오. 여호와께서 여러분에게 주신 규례와 율법에 복종하시오.

여호와께서 보시기에 올바르고 좋은 일을 하시오. 그러면 여러분의 모든 일이 잘 될 것이며, 여호와께서 여러분 조상에게 약속하신 땅에 들어가 그 좋은 땅을 차지할 수 있을 것이오. 여호와께서 약속하신 대로 여러분의 원수들을 다 쫓아 내 주실 것이오. 장차 여러분의 아들이 '우리 하나님 여호와께서 주신 율법과 명령과 규례의 뜻이 무엇이냐?' 하고 물을 때는 이렇게 대답해 주시오. '우리는 이집트에서 파라오의 노예였는데 여호와께서 크신 능력으로 우리를 이집트에서 인도해 내셨다. 여호와께서는 우리에게 크고도 놀라운 표적과 기적을 보여 주셨다. 여호와께서는 그 놀라운 표적과 기적으로 이집트와 파라오와 그의 모든 집안을 치셨다. 여호와께서 우리를 이집트에서 인도해 내시고, 이곳으로 데려오셨다. 그렇게 하신 것은 우리 조상에게 약속하셨던 땅을 우리에게 주시기 위함이었다. 여호와께서는 이 모든 규례를 지키라고 명령하셨다. 이것은 우리가 하나님 여호와를 섬김으로 영원히 잘 되고 지금처럼 살아남을 수 있게 하시기 위함이었다. 우리가 우리 하나님 여호와 앞에서 여호와께서 명령하신 이 모든 규례를 지키는 것이 우리에게 의로움이 될 것이다.'"(신명기 6:4-25, 쉬운성경)

쑥쑥 자라나는 기도

우리가 이 세상에서도 잘 살기를 바라시는 하나님,
우리 가정이 살아 계신 하나님을 기억하여 하나님께 예배하며
하나님만을 사랑하는 가정이 되게 하실 줄로 믿습니다.
눈에 보이는 이익이나 사람들의 시선 때문에
하나님을 잊어버리는 일이 없도록
성령 하나님께서 우리를 깨워 주소서.
순간의 불이익이나 난처함에도 굴하지 않고 하나님의 법을 지키며,
하나님이 기뻐하시는 삶을 살아갈 수 있는 지혜와 용기를 주소서.
부모된 제가 우리 아기에게도 본이 되어
하나님을 사랑하는 것을 평생토록 가르쳐 지키게 하시고
우리의 주인되신 하나님만을 나타내게 하소서.
예수님의 이름으로 기도합니다. 아멘.

구약 12 정탐꾼과 라합

말씀을 듣기 전에

아가야, 우리가 하나님을 사랑하고 하나님을 알게 되면
하나님이 기뻐하시는 일이 무엇인지 알게 된단다.
엄마는 네가 세상 속에서 하나님의 뜻을 발견하고,
하나님의 사람들을 도우며, 하나님의 기쁨으로 살아가길 바란단다.
아마도 쉽지는 않을 거야. 하지만 걱정하지 않아도 돼.
하나님께서는 어려운 중에도 하나님의 뜻을 살펴
하나님의 사람들을 도왔던 사람을 끝까지 지켜주신다고
약속하셨으니까. 오늘 엄마가 너에게 들려줄 하나님의 말씀이
하나님의 뜻을 분별하여 하나님의 사람을 도운 사람의 이야기란다.
하나님이 하나님의 사람을 어떻게 지키셨는지,
그리고 어떻게 도우셨는지 잘 들어보렴.

처음 듣는 하나님의 말씀

눈의 아들 여호수아는 싯딤이라는 곳에 이르러 두 명의 정탐꾼을 몰래 내보내며 말했습니다.

"가서 저 땅을 잘 살펴보고 오시오. 특히 여리고 성을 자세히 살펴보고 오시오."

그래서 그 두 사람은 여리고로 갔습니다. 그들은 라합이라고 하는 어떤 기생의 집에 들어가 머무르게 되었습니다. 어떤 사람이 여리고 왕에게 가서 말했습니다.

"이스라엘 사람들 몇 명이 오늘 밤 이곳에 와서 이 땅을 몰래 엿보고 있습니다."

그래서 여리고 왕은 라합에게 사람을 보내어 말했습니다.

"네 집에 들어간 사람들을 내보내라. 그들은 우리 땅을 엿보러 온 사람들이다."

그러자 라합은 이렇게 말했습니다.

"그 사람들이 여기에 온 것은 사실이지만, 나는 그들이 어디에서 온 사람들인지 알지 못했고, 저녁이 되어 성문 닫을 시간이 되자, 그들은 이 집을 떠났습니다. 나는 그들이 어디로 갔는지 모릅니다. 그러나 빨리 뒤쫓아 가면 그들을 따라잡을 수 있을지도 모릅니다."

라합은 이미 그 사람들을 지붕 위에 숨겨 놓은 뒤였습니다. 그들은 말리기 위해 지붕 위에 펼쳐 놓았던 삼대 밑에 숨어 있었습니다. 라합의 말을 들은 왕의 부하들은 밖으로 나가 이스라엘에서 온 정탐꾼들을 찾아다녔습니다. 그들은 요단강을 건너는 곳까지 뒤쫓아 갔는데, 왕의 부하들이 성을 나가자마자 성문은 닫혔습니다. 정탐꾼들이 잠자리에 들 준비를 할 때, 라합이 지붕으로 올라와 그들에게 말했습니다.

"나는 여호와께서 이 땅을 당신들의 백성에게 주셨다는 것을 압니다. 우리는 당신들 때문에 매우 두려워하고 있고, 이 땅에 사는 모든 사람들도 당신들을 무서워하고 있습니다. 우리가 무서워하는 것은 여호와께서 당신들을 도우셨기 때문입니다. 우리는 당신들이 이집트에서 나올 때, 여호와께서 홍해의 물을 마르게 하신 사실을 들어서 알고 있습니다. 또 당신들이 요단 강 동쪽에 살고 있던 아모리 사람들의 두 왕 시혼과 옥을 물리쳤다는 사실도 알고 있습니다. 이 모든 이야기를 들었을 때, 우리는 너무나도 무서웠습니다. 지금 이 성 사람들은 당신들과 싸우는 것을 두려워하고 있습니다. 그것은 당신들의 하나님 여호와께서 위로는 하늘과 아래로는 땅을 다스리는 분이심을 알고 있기 때문입니다. 그러니 여호와 앞에서 나에게 약속을 해 주십시오. 내가 당신들에게 친절을 베푼 것처럼 당신들도 내 가족에게 친절을 베풀겠다고 말입니다. 제발 내 아버지와 어머니, 형제 자매들과 그들의 모든 가족을 구해 주겠다고 약속해 주시고, 그렇게 하겠다는 증거를 보여 주십시오."

정탐꾼들이 라합에게 말했습니다.

"우리의 목숨을 걸고 당신들을 살려 주겠소. 우리가 하고 있는 일을 아무에게도 말하지 마시오. 여호와께서 이 땅을 우리에게 주실 때, 우리는 친절함과 성실함으로 당신들을 대하겠소.”

라합이 살고 있던 집은 성벽 위에 세워져 있었는데, 라합은 정탐꾼들이 창문을 통해 밧줄을 타고 내려갈 수 있도록 해 주었습니다. 라합은 그들에게 말했습니다.

“언덕으로 올라가십시오. 그 곳으로 가면 왕의 부하들이 당신들을 찾을 수 없을 것입니다. 거기서 삼 일 동안 숨어 있다가 왕의 부하들이 되돌아가면, 당신들의 갈 길을 가십시오.”

정탐꾼들은 라합에게 대답했습니다.

“우리는 당신과 약속한 이 맹세를 무슨 일이 있어도 꼭 지키겠소. 우리가 이 땅으로 다시 돌아올 때, 우리가 내려갔던 창문에 이 붉은 밧줄을 매어 놓으시오. 그리고 당신의 아버지와 어머니, 당신의 형제자매와 모든 가족들을 당신의 집 안에 모아 두시오. 누구든지 당신의 집 밖으로 나갔다가 죽임을 당하면 그 사람 잘못이오. 우리에게는 책임이 없소. 그러나 만약 당신의 집 안에 있는 사람 중 한 사람에게 손이라도 대면 우리가 책임을 지겠소. 우리가 한 이 약속을 아무에게도 말하지 마시오. 만약 이 약속을 다른 사람에게 말하면 우리도 이 약속에 대해 책임을 지지 않겠소.”

라합은 “그렇게 하겠습니다.” 하고 대답했습니다. 그런 후에 정탐꾼들은 그곳을 떠나 자기 갈 길을 갔습니다. 그들이 떠난 뒤에 라합은 창문에 붉은 밧줄을 매어 놓았습니다.

정탐꾼들은 라합의 집을 나와 언덕으로 올라갔습니다. 그들은 그곳에서 삼 일 동안, 머물렀습니다. 왕의 부하들은 이리저리 정탐꾼들을 찾아다녔지만, 그들을 찾지 못한 채 삼 일 만에 성으로 되돌아갔습니다. 그때에 두 사람도 여호수아에게 돌아갔습니다. 그들은 언덕을 내려와 강을 건넜습니다. 그들은 눈의 아들 여호수아에게 가서 자기들에게 일어난 모든 일을 보고했습니다. 그들이 여호수아에게 말했습니다.

"여호와께서 그 땅 전체를 우리에게 주신 것이 틀림없습니다. 그 땅의 모든 사람들이 우리를 몹시도 무서워하여 두려움에 떨고 있습니다."

(여호수아 2:1-24, 쉬운성경)

쑥쑥 자라나는 기도

하나님의 뜻을 위하여 사람을 세우시고 서로 돕게 하신 하나님,
하나님이 계획하신 일들을 위해
필요한 용기와 넉넉한 지혜를 주실 것을 믿습니다.
부모인 저와 우리 아기가 하나님의 뜻을 먼저 생각하게 하시고,
도와야 할 사람이 누구인지 알아 볼 수 있는 눈도 허락하여 주소서.
그리하여 하나님이 세우신 사람들과 적절하게 협력하고
서로 도울 수 있는 지혜와 용기와 결단이 있게 하여 주소서.
하나님이 하신 일로 감격하고 감사하며,
보람된 삶을 살아 갈 수 있도록 도와주소서.
예수님의 이름으로 기도합니다. 아멘.

구약 13 여리고 성이 무너지다

아가야, 승리하는 것은 참 가슴 벅찬 일이란다.

하나님은 이스라엘 백성에게 승리를 경험하게 해 주셨어.

사람이 생각하지 못하는 특별한 방법으로 말이야.

그 승리는 인내와 흔들리지 않는 믿음 끝에 얻게 된 것이란다.

하나님의 말씀을 온전히 믿고 순종해야만 그 승리를 경험할 수 있었지.

아가야, 엄마는 네가 믿음이 쑥쑥 자라서

하나님이 어떤 일을 맡기시든지 인내하며

묵묵히 순종할 수 있는 성실함이 있었으면 좋겠구나.

엄마도 부족하지만 기도하며 응원할게.

이제 하나님께서 이스라엘 백성들이 어떤 방법으로

승리를 경험하게 하셨는지 잘 들어보렴.

처음 듣는 하나님의 말씀

여리고 성 사람들은 이스라엘 자손들을 두려워하여 성문을 굳게 닫아 걸었습니다. 아무도 성 안으로 드나들지 못했습니다. 그때에 여호와께서 여호수아에게 말씀하셨습니다.

"보아라, 내가 여리고를 너에게 주겠다. 여리고의 왕과 그 모든 군인들도 너에게 줄 것이니 하루에 한 번씩 여리고 성을 너의 군대와 함께 행군하며 돌아라. 그 일을 육 일 동안, 하여라. 제사장 일곱 명에게 숫양의 뿔로 만든 나팔을 가지고 언약궤 앞에서 행군하라고 말하여라. 칠 일째 되는 날에는 성을 일곱 바퀴 돌며 제사장들에게 나팔을 불라고 말하여라. 제사장들이 한 번 길게 나팔을 불면, 백성들에게 나팔 소리를 듣고 크게 고함을 치라고 말하여라. 그리하면 여리고의 성벽이 무너질 것이다. 그때, 백성들은 곧장 앞으로 쳐들어가거라."

그리하여 눈의 아들 여호수아는 제사장들을 불러 모아 말했습니다.

"여호와의 언약궤를 나르시오. 제사장 일곱 명은 나팔을 들고 그 언약궤 앞에서 행군하시오."

그리고 여호수아는 백성들에게 명령했습니다.

"자, 가시오! 성 둘레를 도시오. 무기를 든 군인들은 여호와의 궤 앞에서 행군하시오."

여호수아가 백성들에게 말하기를 마치자, 나팔을 가진 일곱 명의 제사장들이 여호와 앞에서 행군하기 시작했고, 행군과 동시에 나팔을 불기 시작했습니다. 그 뒤에는 여호와의 언약궤를 든 제사장들이 뒤따랐고, 무기를 든 군인들은 제사장들 앞에서 행군하였습니다. 또 언약궤 뒤에도 무기를 든 군인들이 뒤따랐습니다. 그들은 각기 자기 나팔을 불었습니다. 그러나 여호수아는 백성들에게 고함을 지르지 말라고 했습니다.

"소리 내지 마시오. 내가 명령을 내리기 전까지는 아무 말도 하지 마시오. 내가 명령을 내리면 그때 고함을 지르시오."

이처럼 여호수아는 백성들에게 여호와의 궤를 메고 성 둘레를 한 바퀴 돌게 하였습니다. 그리고 나서 그들은 진으로 되돌아와 하룻밤을 지냈습니다. 이튿날 여호수아는 아침 일찍 일어났습니다. 제사장들은 여호와의 궤를 다시 메었고, 제사장 일곱 명은 일곱 나팔을 들었습니다. 그들은 여호와의 언약궤 앞에서 행군하면서 각기 나팔을 불었습니다. 무기를 든 군인들은 제사장들 앞에서 행군했고, 다른 군인들은 여호와의 언약궤 뒤에서 걸었습니다. 행군하는 동안, 제사장들은 계속해서 나팔을 불었습니다. 이처럼 두 번째 날에도 그들은 성 둘레를 한 바퀴 돌고 나서 진으로 되돌아왔습니다. 그들은 이 일을 육 일 동안, 날마다 했습니다.

칠 일째 되는 날, 그들은 새벽에 일어났습니다. 그리고 성 둘레를 일곱 번 돌았습니다. 그들은 전과 같은 방법으로 성 둘레를 돌았지만, 성을 일곱 바퀴 돌기는 그날이 처음이었습니다. 일곱 바퀴째 돌 때, 제사장들이 또 나팔을 불었습니다. 그러자 여호수아가 명령을 내렸습니다.

"자, 고함을 지르시오! 여호와께서 여러분에게 이 성을 주셨소. 성과 성 안에 있는 모든 것은 다 여호와께 바치는 것이므로 모두 없애시오. 다만 기생 라합과 그의 집에 있는 사람들은 모두 살려 주어야 하오. 이는 라합이 우리가 보낸 두 명의 정탐꾼을 숨겨 주었기 때문이오. 전리품 중 어떤 것도 가지지 마시오. 이것은 이미 여호와께 바쳐진 것이므로 모두 없애 버리시오. 그 중 어떤 것이라도 취하여 진으로 가지고 돌아오면 그것 때문에 이스라엘 백성에게 재앙이 내릴 것이오. 모든 금과 은과 구리와 쇠로 만든 것은 여호와께 속한 것이니 그것들은 여호와의 창고에 넣어 두어야 하오."

제사장들이 나팔을 불고 백성들은 고함을 질렀습니다. 백성이 나팔 소리를 듣고 고함을 치자 성벽이 무너졌습니다. 그러자 모든 사람들이 성 안으로 곧장 쳐들어갔습니다. 이렇게 하여 이스라엘 사람들은 여리고를 차지했습니다. (여호수아 6:1-20, 쉬운성경)

쑥쑥 자라나는 기도

승리를 주관하시는 하나님,
하나님이 주시는 승리를 경험하기 위해서는
하나님이 원하시는 방법으로
인내하며 순종해야 함을 믿습니다.
이스라엘 사람들을 하나님의 방법으로 승리하게 하셨듯이
우리 아기도 하나님의 방법으로
승리의 감격이 있는 삶을 살게 하소서.
결과가 눈앞에 보이지 않아도 하나님의 말씀에
순종할 수 있는 믿음을 주소서.
하나님이 보여 주실 승리를 기대하는 마음을 갖게 하시고,
맡기신 일들을 잘 감당할 수 있는 능력과 성실한 성품도 주소서.
그리하여 하나님께 기쁨이 되는 하나님의 사람이 되게 하소서.
예수님의 이름으로 기도합니다. 아멘.

아기를 위한 기도

무릇 하나님께로부터 난 자마다 세상을 이기느니라
세상을 이기는 승리는 이것이니 우리의 믿음이니라

요한일서 5장 4절

구약 14 한나의 기도

말씀을 듣기 전에

아가야, 하나님은 생명을 주시는 분이란다.

하나님은 엄마 배 속에 너를 빚으시고, 자라게 하시지.

그런데 그 생명을 애타게 기다리던 한 사람이 있었단다.

'한나'라고 하는 여인인데 오랫동안 아기를 기다리고 기다렸어.

아기가 없어서 하나님께 울면서 간절히 기도했단다.

하나님은 그 간절함을 들으시고, 아기를 선물로 주셨단다.

한나는 참 대단한 엄마야. 하나님이 주신 아기를 잘 돌보고

그 아이를 다시 하나님께 드리며 하나님을 찬양했단다.

아가야, 하나님께서 너를 우리에게 보내주신 것을 알았을 때

엄마도 얼마나 기쁘고 행복했는지 모른단다.

엄마도 너를 보내주신 하나님께 감사의 노래를 마음껏 부르고 싶단다.

한나처럼 말이야.

한나가 하나님을 어떻게 노래하는지 잘 들어보렴.

처음 듣는 하나님의 말씀

한나가 기도했습니다.

"여호와께서는 내 마음에 기쁨이 넘치게 해 주셨습니다.

나는 여호와 안에서 매우 강해졌습니다.

나는 원수들 앞에서 웃을 수 있게 되었습니다.

여호와께서 나를 도우셨으니 나는 기쁩니다.

여호와와 같이 거룩하신 분은 없습니다.

여호와 외에는 다른 신이 없습니다.

우리 하나님과 같이 든든한 분도 없습니다.

거만한 자들아! 다시는 자랑하지 마라.

너의 입에서 다시는 거만한 말을 뱉지 마라.

여호와께서는 모든 것을 아시는 하나님이시라네.

여호와께서는 너의 행동을 심판하신다.

용사들의 활은 부러졌도다. 넘어진 자가 힘을 얻었도다.

부자들은 이제 먹을 것을 위해 일해야 하고

가난한 자가 배불리 먹게 되었도다.

아기를 낳을 수 없던 여자가 지금은 일곱을 낳았고

아들을 많이 둔 여자는 슬픔에 빠져 있다.

여호와께서는 사람을 죽게도 하시고 살게도 하신다.
여호와께서는 사람을 죽은 자들이 있는 곳으로
내려 보내기도 하시고
죽은 자들을 다시 일으키기도 하신다.
여호와께서는 사람을 가난하게도 하시고 부유하게도 하신다.
여호와께서는 사람을 낮추기도 하시고 높이기도 하신다.
여호와께서는 가난한 사람을 흙먼지에서 일으키시고
궁핍한 사람을 잿더미에서 건져 올리신다.
여호와께서는 가난한 사람을 귀족들과 함께 앉게 하시고
영광의 자리를 차지하게 하신다.
여호와께서 땅에 기초를 놓으셨고 그 기초 위에 세계를 세우셨다.

여호와께서는 자기의 거룩한 백성을 지켜 주시며
악한 사람을 어둠 속에서 잠잠하게 하신다.
그들의 힘이 아무리 세더라도 이길 수 없을 것이다.
여호와께서는 자기 원수를 물리치시고
그들을 향해 벼락을 내리신다.
여호와께서 온 땅을 심판하실 것이다.
여호와께서는 자기 왕에게 힘을 주시며
자기가 기름 부어 세운 왕을 강하게 하실 것이다."

(사무엘상 2:1-10, 쉬운성경)

쑥쑥 자라나는 기도

생명으로 기쁨을 주시는 하나님,
우리 가정에 아기를 허락해 주셔서 큰 기쁨을 주시고,
하나님께 예배하는 믿음의 가문을 이어가게 하시니 감사합니다.
온 가족이 하나님의 신비한 섭리로 하나님을 알아가게 하소서.
이 아기를 하나님의 아이로 하나님께 맡겨 드리니,
하나님의 보살핌 가운데 자라게 하소서.
선물로 주신 이 귀한 아기로 인하여 저의 입술에도
하나님을 높이는 찬양이 흘러넘치게 하소서.
예수님의 이름으로 기도합니다. 아멘.

83

구약 15 하나님께서 부르신 사무엘

아가야, 하나님은 은밀한 중에 우리를 부르실 때가 있단다.
하나님께서 우리에게 알려주고 싶은 것이 있을 때
하나님의 음성을 듣게 하시지.
어떻게 들을 수 있냐고? 하나님을 사랑하면
'하나님이 기뻐하시는 뜻이 무엇일까' 생각하게 되고,
성경을 읽으며 하나님의 마음을 헤아리고 깨닫게 되는 거야.
엄마는 너에게 하나님이 말씀 하실 때에 잘 들을 수 있는
깨끗한 마음이 있기를 바란단다.
그래서 하나님이 기뻐하시는 일을 즐거이 하며,
하나님의 마음을 시원하게 하는 아이였으면 좋겠구나.
아가야, 만약 하나님께서 '나를 부르신다면 나는 어떻게 하면 좋을까?'
생각하면서 하나님께서 부르셨던 아이의 이야기를 들어보렴.

처음 듣는 하나님의 말씀

어린 사무엘은 엘리 밑에서 여호와를 섬겼습니다. 그때에는 여호와께서 사람들에게 직접 말씀하시는 일이 거의 없었습니다. 그리고 사람들이 환상을 보는 일도 거의 없었습니다. 엘리는 눈이 어두워져 거의 보지 못하는 사람처럼 되었습니다. 어느 날 밤, 엘리가 자기 방에 누워 있었습니다. 사무엘도 여호와의 성막 안에 있는 자기 자리에 누워 있었습니다. 하나님의 궤는 성막 안에 있었습니다. 하나님의 등불은 아직 꺼지지 않았습니다.

그때에 여호와께서 사무엘을 부르셨습니다. 사무엘이 "제가 여기 있습니다." 하고 대답했습니다. 사무엘이 엘리에게 달려가 말했습니다.

"제가 여기 있습니다. 저를 부르셨습니까?"

엘리가 대답했습니다.

"나는 너를 부르지 않았다. 돌아가 자라."

그래서 사무엘은 자기 자리로 돌아가 누웠습니다. 여호와께서 다시 "사무엘아!" 하고 부르셨습니다. 사무엘은 다시 엘리에게 가서 말했습니다.

"제가 여기 있습니다. 저를 부르셨습니까?"

엘리가 대답했습니다.

"나는 너를 부르지 않았다. 돌아가 자라."

사무엘은 아직 여호와를 알지 못했습니다. 여호와께서 사무엘에게 직접 말씀하신 적이 없었습니다. 여호와께서 사무엘을 세 번째 부르셨습니다. 사무엘은 일어나 엘리에게 가서 말했습니다.

"제가 여기 있습니다. 저를 부르셨습니까?"

그때서야 엘리는 여호와께서 어린 사무엘을 부르셨다는 것을 깨달았습니다. 그래서 엘리는 사무엘에게 말해 주었습니다.

"잠자리로 돌아가거라. 다시 너를 부르는 소리가 나면 '여호와여, 말씀하십시오. 저는 주님의 종입니다. 제가 듣겠습니다.'라고 말하여라."

그래서 사무엘은 다시 가서 잠자리에 누웠습니다. 여호와께서 그곳에 서 계셨습니다. 여호와께서는 그전처럼 "사무엘아, 사무엘아" 하고 부르셨습니다. 사무엘이 대답했습니다.

"여호와여, 말씀하십시오. 저는 주님의 종입니다. 제가 듣겠습니다."

여호와께서 사무엘에게 말씀하셨습니다.

"내가 이스라엘에 어떤 일을 하려고 한다. 그 일을 듣는 사람은 깜짝 놀라게 될 것이다. 그날에 내가 엘리와 그의 집안에게 말했던 일을 다 이룰 것이다. 하나도 빠짐없이 이룰 것이다. 엘리는 자기 아들들이 나쁘다는 것을 알았다. 또 자기의 아들들이 나를 배반한 것도 알았다. 그러나 엘리는 그들을 말리지 않았다. 그래서 나는 엘리의 가족을 영원토록 벌주겠다고 말했다. 그래서 나는 엘리의 가족에게 이렇게 맹세했다. '엘리 가족의 죄는 제물이나 예물로도 절대로 용서받지 못할 것이다.'"

사무엘은 아침까지 누워 있다가 여호와의 집 문을 열었습니다. 사무엘은 자기가 본 환상을 엘리에게 말하기가 두려웠습니다.

엘리가 사무엘을 불렀습니다.

"내 아들 사무엘아!"

사무엘이 대답했습니다.

"예, 제가 여기에 있습니다."

엘리가 물었습니다.

"여호와께서 너에게 무슨 말씀을 하셨느냐? 숨기지 말고 말하여라. 하나님께서 말씀하신 것을 조금이라도 숨기면, 하나님이 네게 큰 벌을 내리실 것이다."

그래서 사무엘은 엘리에게 모든 것을 말해 주었습니다. 사무엘은 조금도 숨기지 않았습니다. 그러자 엘리가 말하였습니다.

"그분은 여호와시다. 여호와께서는 스스로 생각하셔서 옳은 대로 하실 것이다."

사무엘은 점점 자라났습니다. 여호와께서는 사무엘과 함께하셨고, 사무엘에게 말한 것을 다 이루어 주셨습니다. (사무엘상 3:1-19, 쉬운성경)

쑥쑥 자라나는 기도

은밀한 중에 사무엘을 부르신 하나님,
하나님께서는 지금도 우리를 부르시고,
하나님의 마음과 뜻을 알려주는 분이심을 믿습니다.
우리 아기가 배 속에서도 하나님의 말씀에 귀 기울일 수 있게 하시고,
하나님께서 부르실 때에 응답 할 수 있는 민감한 영을 주소서.
하나님이 기뻐하시는 뜻을 깨달아 알 수 있는 지혜를 주소서.
하나님께서 이루어 가시는 역사를 보게 하시며
하나님만 의지하게 하소서. 평생을 함께 하여 주소서.
예수님의 이름으로 기도합니다. 아멘.

아기에게 태교 성경

일을 행하시는 여호와, 그것을 만들며 성취하시는 여호와,
그의 이름을 여호와라 하는 이가 이와 같이 이르시도다
너는 내게 부르짖으라 내가 네게 응답하겠고
네가 알지 못하는 크고 은밀한 일을 네게 보이리라

예레미야 33장 2, 3절

구약 16 중심을 보시는 하나님

말씀을 듣기 전에

아가야, 엄마는 네가 어떻게 생겼을지 참 궁금해.
하나님이 너를 빚으셨으니 얼마나 멋질까 기대가 되는구나.
하지만 눈에 보이는 너의 겉모습보다 마음으로 알 수 있는
너의 속 모습이 더 멋지기를 기대한다.
엄마는 네가 하나님이 주시는 사랑과 기쁨을 가득 담을 수 있는
그런 마음을 가진 사람이었으면 좋겠구나.
마음이 하나님으로 가득한 사람이야 말로
이 세상에서 가장 멋진 사람이거든.
하나님은 그 멋진 사람을 찾아 택하셔서 큰 일을 맡기신단다.
오늘은 하나님이 택하신 사람의 이야기를 들려주려고 해.
하나님은 이스라엘에 첫 번째로 허락하신 왕인 사울 왕을 버리셨단다.
사울 왕이 하나님을 떠나버렸기 때문이야.
그래서 새 왕을 세우기로 계획하셨는데, 새 왕으로 누굴 택하셨을까?
하나님께서 중요하게 생각하는 것이
무엇인지를 생각하면서 잘 들어보렴.

처음 듣는 하나님의 말씀

여호와께서 사무엘에게 말씀하셨습니다.

"너는 언제까지 사울 때문에 마음 아파할 것이냐? 나는 이미 사울을 버려 이스라엘의 왕이 되지 못하게 하였다. 이제 너는 그릇에 올리브 기름을 채우고 가거라. 내가 너를 베들레헴에 사는 이새에게 보낸다. 내가 그 사람의 아들 중 하나를 왕으로 뽑았다."

사무엘이 말했습니다.

"제가 가면, 사울이 그 소식을 듣고 저를 죽이려 할 것입니다."

여호와께서 말씀하셨습니다.

"암송아지를 몰고 가서 여호와께 제물을 바치러 왔다고 말하여라. 그리고 제사드릴 때, 이새를 초대하여라. 그 다음 네가 무엇을 해야 할지 가르쳐 주겠다. 이새의 아들 가운데 내가 가리키는 사람에게 너는 기름을 부어라."

사무엘은 여호와께서 말씀하신 대로 했습니다. 사무엘이 베들레헴에 도착하자, 베들레헴의 장로들이 두려움에 떨었습니다. 장로들이 사무엘에게 나아와 물었습니다.

"평화로운 일로 오시는 겁니까?"

"그렇소. 평화로운 일로 왔소. 여호와께 제물을 바치려고 왔소. 여호와를 위해 스스로 거룩하게 한 다음, 나와 함께 제사를 드립시다." 하고 사무엘이 대답했습니다. 사무엘은 이새와 그의 아들들을 여호와 앞에서 거룩하고 깨끗하게 한 뒤, 그들을 제사에 초대하였습니다.

이새와 그의 아들들이 도착했을 때, 사무엘은 엘리압을 보았습니다. 사무엘은 생각하였습니다. '틀림없이 여호와께서는 여기 서 있는 이 사람을 뽑으셨을 것이다.' 그러나 여호와께서 사무엘에게 말씀하셨습니다.

"엘리압의 멋있는 모습과 키 큰 모습을 보지 마라. 나는 엘리압을 뽑지 않았다. 내가 보는 것은 사람이 보는 것과 같지 않다. 사람은 겉모양을 보지만, 나 여호와는 마음을 본다."

이어서 이새는 아비나답을 불러 사무엘 옆으로 지나가게 했습니다. 사무엘이 말했습니다.

"여호와께서는 이 사람도 뽑지 않으셨소."

그러자 이새는 삼마를 지나가게 했으나, 사무엘은 또 이렇게 말했습니다.

"아니오. 여호와께서는 이 사람도 뽑지 않으셨소."

이새는 자기 아들 일곱 명을 사무엘 앞으로 지나가게 했습니다. 그러나 사무엘은 "여호와께서는 이 아들들 중 누구도 뽑지 않으셨소."라고 이새에게 말했습니다.

그리고 나서 사무엘이 이새에게 물었습니다.

"여기에 있는 아들이 전부요?"

이새가 대답했습니다.

"막내아들이 더 있습니다. 그 아이는 밖에서 양들을 돌보고 있습니다."

사무엘이 말했습니다.

"그 아이를 불러 오시오. 그 아이가 오기 전까지 식탁에 앉지 않겠소."

그리하여 이새는 사람을 보내어 자기 막내아들을 불러 오게 하였습니다. 이새의 막내아들은 살결이 불그스레하고 눈이 빛나는 잘생긴 소년이었습니다. 여호와께서 사무엘에게 말씀하셨습니다.

"자! 바로 이 소년이다. 일어나 그에게 기름을 부어라."

사무엘은 올리브 기름이 든 그릇을 가지고 형제들이 보는 앞에서 이새의 막내아들에게 기름을 부었습니다. 그날부터 여호와의 영이 큰 힘으로 다윗에게 들어갔습니다. 이 일이 있은 후에 사무엘은 라마로 돌아갔습니다. (사무엘상 16:1-13, 쉬운성경)

쑥쑥 자라나는 기도

세상을 만드시고 이끌어 가시는 하나님,
오늘도 하나님께서 친히 하나님의 사람들을 세워
하나님의 나라를 이루어 가심을 믿습니다.
세상 사람들은 보이는 것에 마음을 두고 살아가지만,
우리 가정은 하나님이 주시는 사랑과 지혜와 용기와 담대함으로
세상의 가치관에 흔들리지 않으며
하나님이 기뻐하시는 마음의 중심을 가꾸게 하소서.
하나님을 의지하며 살아가게 하시고,
하나님의 능력으로 세상을 살리는 사람이 되게 하소서.
예수님의 이름으로 기도합니다. 아멘.

아가페 태교 성경

여호와께서 하늘에서 굽어보사 모든 인생을 살피심이여
곧 그가 거하시는 곳에서 세상의 모든 거민들을 굽어살피시는도다
그는 그들 모두의 마음을 지으시며
그들이 하는 일을 굽어살피시는 이로다

시편 33편 13-15절

구약 17 용감한 아이 다윗

말씀을 듣기 전에

아가야, 이 세상을 살다보면 용기가 필요한 때가 많이 있단다.
늘 자신있는 일만 있다면 참 편하고 쉽게 살 수 있겠지만,
때로는 두렵고 겁나는 일을 만나 이겨내야 할 때도 있거든.
그럴 때 필요한 것이 바로 용기란다.
용기는 두려움을 느끼지 않는 것이 아니라
두려워도 힘을 내서 씩씩하게 행동하는 거야.
오늘 들려줄 이야기에 나오는 다윗은
하나님이 칭찬하는 용기를 가진 사람이었어.
다윗을 용감하게 한 것은 무엇일까?
거인 골리앗을 이길 수 있었던 힘은 과연 무엇이었을까?
잘 생각하며 들어보렴.

처음 듣는 하나님의 말씀

블레셋 사람들에게는 골리앗이라는 한 대장이 있었습니다. 그 사람은 가드 사람이었고, 키는 육 규빗* 한 뼘 가량 되었습니다. 머리에 놋으로 만든 투구를 쓰고, 놋으로 만든 갑옷을 입고 있었는데, 그 갑옷의 무게가 오천 세겔** 가량 되었습니다. 다리에도 놋으로 만든 보호대를 대고 있었으며, 등에는 작은 놋창을 메고 있었습니다. 그 사람이 가지고 있는 큰 창의 나무 부분은 베틀채만큼 컸습니다. 그리고 그 창날의 무게는 육백 세겔 가량 되었습니다. 그 사람의 커다란 방패를 든 부하가 그 사람 앞에 걸어 나왔습니다. 골리앗이 서서 이스라엘 군인들에게 소리를 질렀습니다.

"너희는 어찌하여 싸울 대형을 갖추고 있느냐? 나는 블레셋 사람이고, 너희는 사울의 종들이다. 한 사람을 뽑아 나에게 보내어 싸우게 하여라. 만약 누구든지 나를 죽일 수 있다면, 우리가 너희들의 종이 되겠다. 그러나 내가 그 사람을 죽이면, 너희가 우리의 종이 되어야 한다."

골리앗은 또 이렇게 말하였습니다.

"오늘 내가 너희 이스라엘 군대를 이렇게 조롱하는데 나와 싸울 놈

---

* **규빗** 일반적으로 가운데 손가락 끝에서 팔꿈치까지의 길이를 의미하는데, 약 44.4cm(17.5인치)란다.

** **세겔** 구약에서는 약 11.4g의 무게를 나타내는 단위란다.

이 없단 말이냐?"

사울과 이스라엘 사람들은 이 블레셋 사람의 말을 듣고 무서워서 벌벌 떨었습니다.

다윗은 에브랏 사람 이새의 아들이었습니다. 이새는 유다 땅 베들레헴 사람이었는데, 아들이 여덟 명 있었습니다. 사울의 때에 이새는 이미 나이가 많은 노인이었습니다. 이새의 아들 중 위로부터 세 아들은 사울과 함께 싸움터에 있었습니다. 첫째 아들은 엘리압이었고, 둘째 아들은 아비나답이었으며, 셋째 아들은 삼마였습니다. 다윗은 막내아들이었습니다. 이새의 아들 중 위로부터 세 아들은 사울을 따르고 있었습니다. 다윗은 사울이 있는 곳과 베들레헴 사이를 왔다 갔다 하고 있었습니다. 다윗은 베들레헴에서 자기 아버지의 양 떼를 치고 있었습니다.

블레셋 사람 골리앗은 매일 아침저녁으로 이스라엘 군대 앞에 나와 섰습니다. 그러기를 사십 일 동안, 하였습니다.

이새가 자기 아들 다윗에게 말하였습니다.

"이 볶은 곡식 한 에바와 빵 열 덩이를 진에 있는 네 형들에게 갖다 주어라. 또 이 치즈 열 덩이도 가지고 가서, 네 형들의 천부장에게 주어라. 그리고 네 형들이 어떻게 지내는지 알아보아라. 형들이 모두 잘 있다는 증거가 될 만한 것을 나에게 가지고 오너라."

그때 다윗의 형들은 사울과 이스라엘 군대와 함께 엘라 골짜기에서 블레셋 사람들과 싸우고 있었습니다.

다음 날, 다윗은 아침 일찍 일어나 다른 목동에게 양 떼를 맡겼습니

아가페 태교 성경

다. 다윗은 음식을 가지고 이새가 말한 대로 집을 떠났습니다. 다윗이 진에 도착했을 때, 이스라엘 군대는 자기 진을 떠나서 싸움터로 나아가 함성을 지르고 있었습니다. 이스라엘 사람들과 블레셋 사람들은 대형을 갖추고 서로 마주 보면서 싸울 준비를 하고 있었습니다. 다윗은 자기가 가지고 온 음식을 짐 맡은 사람에게 맡기고, 싸움터로 나아가 형들을 만나 편안히 잘 있는지를 물었습니다. 다윗이 형들과 이야기를 하고 있을 때, 블레셋의 거인 골리앗이 또 나왔습니다. 골리앗은 보통 때처럼 이스라엘을 향하여 소리를 질러 댔습니다. 다윗도 그 소리를 들었습니다. 이스라엘 사람들은 골리앗을 보자 무서워 벌벌 떨며 달아나고 말았습니다. 이스라엘 사람들이 자기들끼리 말했습니다.

"저 사람 골리앗을 봐라. 저 사람은 계속해서 이스라엘에게 욕을 퍼붓고 있다. 왕은 골리앗을 죽이는 사람에게 많은 돈을 주고 자기 딸도 주어 아내로 삼게 하고, 그 사람의 가족에게는 세금을 면제해 주기로 했다네."

다윗이 가까이에 서 있는 사람들에게 물었습니다.

"이 블레셋 사람을 죽여 이스라엘에게서 수치를 없애 버리는 사람에게 어떤 상을 줍니까? 저 할례 받지 못한 블레셋 사람이 누군데 감히 살아 계신 하나님의 군대를 욕할 수 있습니까?"

이스라엘 사람들이 다윗에게 골리앗을 죽인 사람에게 어떤 상이 주어지는지를 이야기해 주었습니다.

어떤 사람들이 다윗이 한 말을 듣고 그 말을 사울에게 전했습니다. 그러자 사울은 사람을 보내어 다윗을 데려오게 하였습니다. 다윗이 사울에게 말했습니다.

"용기를 잃은 사람이 있으면 안 됩니다. 왕의 종인 제가 나가서 저 블레셋 사람과 싸우겠습니다."

사울이 대답했습니다.

"너는 저 블레셋 사람과 싸울 수 없다. 너는 아직 어린아이일 뿐이지만, 골리앗은 젊었을 때부터 싸움을 많이 해 온 뛰어난 군인이다."

그러나 다윗이 사울에게 말했습니다.

"왕의 종인 저는 내 아버지의 양 떼를 지키던 사람입니다. 사자나 곰이 나타나서 양을 물어 가면, 저는 그놈을 공격하여 그 입에서 양을 구해 냈습니다. 그놈이 저를 공격하면, 저는 그놈의 턱을 잡고 때려죽이기도 하였습니다. 왕의 종인 저는 사자와 곰도 죽였습니다. 할례 받지 않은 블레셋 사람인 골리앗도 제가 죽인 사자나 곰과 같은 꼴이 될 것입니다. 왜냐하면 골리앗은 살아 계신 하나님의 군대를 욕했기 때문에 죽어야 합니다. 여호와께서는 나를 사자와 곰에게서 구해 주셨습니다. 여호와께서는 나를 이 블레셋 사람으로부터도 구해 주실 것입니다."

사울이 다윗에게 말했습니다.

"가거라. 여호와께서 너와 함께하시기를 빈다."

사울은 자기 옷을 다윗에게 입혀 주었습니다. 사울은 다윗의 머리에 놋투구를 씌워 주고, 몸에도 갑옷을 입혀 주었습니다. 다윗은 사울의 칼을 차고 몇 걸음 걸어 보았지만 투구와 갑옷이 거추장스러워서 걸을 수가 없었습니다. 다윗이 사울에게 말했습니다.

"이 옷을 입고 갈 수 없습니다. 거추장스러워서 몸을 움직일 수가 없습니다."

다윗은 투구와 갑옷을 다 벗어 버렸습니다. 다윗은 손에 막대기를 들었습니다. 그리고 시냇가에서 조약돌 다섯 개를 주워서 양을 칠 때에 쓰는 주머니에 넣고 손에는 물매를 들었습니다. 그리고 나서 골리앗에게 나아갔습니다. 바로 그때, 블레셋 사람 골리앗도 다윗에게 다가오고 있었습니다. 골리앗의 방패를 든 사람이 골리앗 앞에 있었습니다. 골리앗은 다윗을 바라보았습니다. 골리앗은 다윗이 살결이 불그스레하고 잘 생긴 어린아이라는 것을 알았습니다. 골리앗은 불쾌한 표정으로 다윗을 내려다보았습니다. 골리앗이 다윗에게 말했습니다.

"막대기를 가지고 오다니 너는 내가 개인 줄 아느냐?"

골리앗은 자기 신들의 이름을 들먹이며 다윗을 저주하였습니다. 골리앗이 다윗에게 말했습니다.

"이리 오너라. 내가 네 몸을 공중의 새와 들짐승들에게 먹이로 줄 것이다."

다윗이 골리앗에게 말했습니다.

"너는 나에게 칼과 큰 창과 작은 창을 가지고 나아오지만, 나는 만군의 여호와의 이름으로 너에게 간다. 여호와는 이스라엘 군대의 하나님이시다. 너는 여호와께 욕을 했다. 오늘 여호와께서는 너를 나에게 주실 것이다. 나는 너를 죽여 너의 머리를 벨 것이며, 블레셋 군인들의 몸을 공중의 새와 들짐승들에게 먹이로 줄 것이다. 그렇게 하여 이스라엘에 하나님이 계시다는 것을 온 세상이 알게 할 것이다. 여기 모인 모든 사람들에게 여호와께서는 자기 백성을 구하시기 위하여 칼이나 창을 쓰실 필요가 없다는 것을 알게 할 것이다. 싸움은 여호와의 것이다. 하나님께서 우리가 너희 모두를 물리쳐 이기도록 도와주실 것이다."

골리앗이 다윗을 공격하기 위하여 가까이 왔을 때, 다윗도 재빨리 골리앗을 향해 달려갔습니다. 다윗은 자기 주머니에서 돌 하나를 꺼내어 물매에 올려놓은 다음, 물매로 돌을 던졌습니다. 돌이 날아가 블레셋 사람의 이마를 맞혔습니다. 골리앗은 앞으로 고꾸라졌습니다. 이처럼 다윗은 물매와 돌 하나만 가지고 블레셋 사람을 물리쳐 이겼습니다. 다윗은 그 사람을 돌로 맞혀 죽였습니다. 다윗은 손에 칼도 가지고 있지 않았습니다. (사무엘상 17:4-27, 31-50, 쉬운성경)

아기패 태교 성경

쑥쑥 자라나는 기도

연약한 우리에게 용기를 주시는 하나님,
두렵고 무서워도 담대하게 하나님을 의지할 때
새 힘과 용기를 주심을 믿습니다.
거인 골리앗과 맞설 때, 살아 계신 하나님을 믿고 의지해
용기를 낸 다윗을 기억하게 하소서.
우리 가정과 아기가 언제나 하나님만을 의지하게 하시고,
항상 함께하시는 주님께서 무슨 일을 만나든지
우리를 굳세게 하시고 용감하게 세워 주실 것을 확신하게 하소서.
예수님의 이름으로 기도합니다. 아멘.

구약 18 다윗과 요나단의 우정

말씀을 듣기 전에

아가야, 하나님 아버지는
우리가 행복하기를 바라시는 분이란다.
우리가 세상을 살아가면서 외롭지 않도록 가족과 친구를 주셨지.
우리가 두렵고 힘들 때 내 편이 있다는 것은 참으로 힘나는 일이거든.
나를 사랑하는 사람이 있다고 생각하면 마음이 든든하고 행복해져.
오늘은 친구를 통해 든든함과 행복함을 누리게 하시는
하나님의 사랑 이야기를 들려주려고 한단다.
우정을 만들고 지켜가는 것은 참 소중하고 귀한 일이야.
아가야, 너에게도 친구를 사랑하는 마음이 있기를,
그래서 행복하기를 엄마는 축복해.

처음 듣는 하나님의 말씀

다윗이 사울과 이야기를 나누고 있는 모습을 본 요나단은 이미 맘속으로 다윗을 매우 좋아하게 되었습니다. 요나단은 다윗을 자기 목숨처럼 아끼고 사랑했습니다. 사울은 그날부터 다윗을 자기 곁에 있게 했습니다. 사울은 다윗이 자기 아버지 집으로 돌아가는 것을 허락하지 않았습니다. 요나단은 다윗을 자기 목숨처럼 아끼고 사랑했기 때문에 다윗과 영원한 우정을 약속했습니다. 요나단은 자기 겉옷을 벗어 다윗에게 주었습니다. 또 자기의 갑옷과 칼과 활과 띠까지 모두 주었습니다.

사울은 자기 아들 요나단과 자기의 모든 종들에게 다윗을 죽이라고 말했습니다. 그러나 요나단은 다윗을 매우 아꼈습니다. 사울이 손에 창을 들고 자기 집에 앉아 있을 때에 여호와께서 보내신 나쁜 영이 사울에게 들어갔습니다. 다윗은 그 앞에서 수금을 타고 있었습니다. 사울은 창을 들어 다윗에게 던졌습니다. 그러나 다윗은 몸을 피하여 다치지 않았고, 사울의 창은 벽에 박혔습니다. 다윗은 그날 밤에 사울에게서 도망쳤습니다.

그때에 다윗은 라마의 나욧에서 달아났습니다. 다윗은 요나단에게 가서 이렇게 물었습니다.

"내가 무슨 잘못을 했나? 내 죄가 무엇인가? 내가 자네 아버지에게 무슨 잘못을 저질렀기에 자네 아버지가 나를 죽이려고 하는가?"

요나단이 대답하였습니다.

"아닐세! 자네는 결코 죽지 않을 걸세. 아버지는 아무리 작은 일을 하시더라도 먼저 나에게 말씀을 해 주신다네. 자네를 죽일 생각이 있었다면 반드시 나에게도 말씀해 주셨을 걸세. 아버지는 결코 자네를 죽이지 않을 걸세."

다윗이 다시 말했습니다.

"자네 아버지는 내가 자네 친구라는 것을 잘 알고 계시네. 자네 아버지는 속으로 이렇게 생각하고 계실 걸세. '요나단에게는 이 일을 알리지 말아야지. 만약 요나단이 이 일을 알면 다윗에게 말해 버릴 거야.' 그러니 여호와와 자네에게 맹세하지만 나는 곧 죽을 걸세."

요나단이 다윗에게 말했습니다.

"자네가 해 달라는 것은 무엇이든지 해 주겠네."

다윗이 말했습니다.

"이보게, 내일은 '초하루 축제일'일세. 나는 왕과 함께 식사를 하게 되어 있네. 하지만 나는 삼 일 저녁까지 들에 숨어 있겠네. 자네 아버지가 내가 없어졌다는 것을 눈치 채시면 이렇게 말해 주게나. '다윗은 나에게 자기 고향 베들레헴으로 가게 해 달라고 말했어요. 해마다 이맘때에는 그의 온 가족이 제사를 드린답니다.' 만약 자네 아버지가 '잘했다'라고 말씀하시면, 나는 무사할 걸세. 하지만 자네 아버지가 화를 내시면, 자네 아버지가 날 해칠 생각이 있는 걸로 알게나. 요나단! 자네 종인 나를 도와주게. 자네는 여호와 앞에서 나와 약속을 하였네. 나에게 죄가 있다면, 자네가 나를 죽이게나. 자네 아버지에게 넘겨 줄 필요가 없지 않겠나?"

요나단이 대답했습니다.

"아닐세. 결코 그럴 수 없네. 아버지가 만약 자네를 해칠 생각을 갖고 있다는 것을 알게 되면 반드시 자네에게 알려 주겠네."

다윗이 물었습니다.

"자네 아버지가 자네에게 엄하게 대답하면, 누가 나에게 알려 줄 수 있겠나?"

요나단이 말했습니다.

"들로 나가세."

그래서 요나단과 다윗은 함께 들로 나갔습니다. 요나단이 다윗에게
말했습니다.

"이스라엘의 하나님 여호와 앞에서 이렇게 약속하네. 모레 이맘때까지 아버지의 마음을 알아보겠네. 만약 아버지가 자네에게 나쁜 마음을 품고 계시지 않다면 자네에게 그 소식을 알려 주겠네. 하지만 만약 아버지가 자네를 해칠 마음을 품고 계시다면 그 사실도 자네에게 알려 주겠네. 그래서 자네가 안전하게 멀리 도망갈 수 있도록 하겠네. 그렇게 하지 않는다면 하나님께서 나에게 무서운 벌을 내리셔도 감당하겠네. 여호와께서 내 아버지와 함께 계셨던 것처럼 자네와도 함께 계시기를 바라네. 내가 살아 있는 동안, 나에게 여호와의 사랑을 베풀어 주게나. 그래서 내가 죽지 않게 해 주게. 내 집안에도 변함없이 사랑을 베풀어 주

어야 하네. 여호와께서 자네의 모든 원수를 이 땅에서 없애 버리시더라도 우리 집안에 대한 사랑을 버리지 말아 주게."

요나단은 다윗과 약속을 하며 "여호와께서 다윗의 원수들을 벌주시기를 바라네" 하고 말했습니다. 그리고 요나단은 다윗에게 자기와 맺은 사랑의 약속을 다시 말하게 했습니다. 요나단은 다윗을 자기 목숨만큼 사랑했기 때문에 그런 약속을 하게 하였습니다.

요나단이 다윗에게 말했습니다.

"내일은 '초하루 축제일'이네. 하지만 자네의 자리는 빌 것이고, 내 아버지는 자네가 없어졌다는 것을 알게 될 걸세. 이틀 뒤에 자네는 지난번에 숨어 있었던 곳으로 가게. 가서 에셀 바위 곁에서 기다리게. 그러면 내가 화살 세 발을 바위 가까이로 쏘겠네. 마치 어떤 목표물을 향해 쏘는 것처럼 쏘겠네. 그리고 나서 소년을 한 명 보내서 그 화살들을 찾으라고 말하겠네. 만약 내가 '애야, 너무 멀리 갔다. 화살은 네 뒤쪽에 있으니 이리 주워 오너라' 하고 말하면, 자네는 숨어 있는 곳에서 나와도 상관없네. 여호와께 맹세하지만 자네에게 위험한 일이 없을 테니 그곳에서 나와도 좋을 걸세. 하지만 만약 내가 '애야, 화살은 네 앞쪽에 있다' 하고 말하면, 여호와께서 자네를 보내시는 것으로 알고 그곳을 떠나게나. 우리가 이야기한 것을 기억하게. 여호와께서는 자네와 나 사이에 영원한 증인이시네."

그리하여 다윗은 들에 숨었습니다.

'초하루 축제일'이 이르자, 왕이 식탁에 앉았습니다. 왕은 언제나 앉던 자리인 벽 가까이에 앉았습니다. 요나단은 왕의 맞은편에 앉았고, 아브넬은 왕의 곁에 앉았습니다. 하지만 다윗의 자리는 비어 있었습니다. 그날, 사울은 아무 말도 하지 않았습니다. 사울은 '다윗에게 무슨 부정한 일이 생겨 나오지 못한 거겠지'라고 생각했습니다. 이튿날은 그달의 두 번째 날이었습니다. 다윗의 자리가 또 비어 있었습니다. 이번에는 사울이 요나단에게 물었습니다.

"이새의 아들은 왜 이 식탁에 어제도 오지 않고 오늘도 오지 않는 거냐?"

요나단이 대답하였습니다.

"다윗이 나에게 베들레헴으로 가게 해 달라고 부탁했습니다. 다윗은 '우리 가족이 마을에서 제사를 드리니 가게 해 주게. 형이 나를 오라고 했네. 자네가 내 친구라면 내 형들을 만나게 해 주게' 하고 말했습니다. 그래서 다윗은 왕의 식탁에 나오지 못했습니다."

그러자 사울은 요나단에게 화를 내며 말했습니다.

"이 바보 같은 놈아! 그래 난 네가 이새의 아들 다윗의 편인 줄 알고 있었다. 너는 너뿐만 아니라 너를 낳아 준 네 어미도 수치스럽게 만들고 있다. 이새의 아들이 살아 있는 한, 너는 절대로 왕이 될 수 없고, 나라를 가질 수도 없다. 그러니 이제 사람들을 보내어 다윗을 끌고 오너라. 다윗을 반드시 죽여야 한다."

요나단이 자기 아버지에게 물었습니다.

"다윗이 왜 죽어야 합니까? 다윗이 대체 무슨 잘못을 했습니까?"

그러자 사울이 자기 창을 요나단에게 던져 요나단을 죽이려 했습니다. 요나단은 자기 아버지가 다윗을 정말로 죽이려 한다는 것을 알았습니다. 요나단은 크게 화를 내며 식탁을 떠났습니다. 요나단은 아무것도 먹지 않았습니다. 그날은 그달의 이틀째였습니다. 요나단은 다윗을 죽이려는 자기 아버지의 모습을 보고 마음이 상했습니다.

이튿날 아침에 요나단은 전에 약속했던 것처럼 다윗을 만나기 위해 들로 나갔습니다. 요나단은 어린아이를 데리고 갔습니다. 요나단은 아이에게 "달려가서 내가 쏘는 화살을 찾아오너라." 하고 말했습니다. 아이가 달려가자, 요나단은 아이의 앞으로 화살을 쏘았습니다. 아이는 화살이 떨어진 곳으로 달려갔습니다. 요나단은 이 아이 뒤에서 외쳤습니다.

"화살이 네 앞쪽에 있지 않느냐?"

요나단이 또 외쳤습니다.

"서둘러서 빨리 뛰어가거라. 머뭇거리면 안 된다."

아이는 화살을 주워 자기 주인에게 가지고 돌아왔습니다. 아이는 이 모든 일이 무슨 뜻인지를 알지 못했지만, 요나단과 다윗만은 알고 있었습니다. 그리고 나서 요나단은 자기 무기를 아이에게 주면서 "마을로 돌아가거라." 하고 말했습니다.

아이가 떠나자, 다윗은 바위의 남쪽에서 나왔습니다. 다윗은 땅에 머리를 대고 요나단에게 절을 하였습니다. 다윗은 그렇게 세 번 절을 하였습니다. 그리고 나서 다윗과 요나단은 서로 입을 맞추면서 함께 울었습니다. 다윗이 더 많이 울었습니다. 요나단이 다윗에게 말했습니다.

"평안히 가게. 우리는 여호와의 이름으로 맹세하였네. 여호와께서 자네와 나 사이에, 그리고 우리의 자손들 사이에 영원한 증인이시네."

그리고 나서 다윗은 떠났고, 요나단은 마을로 돌아갔습니다. (사무엘 상 18:1-4; 19:1, 9-10; 20:1-42, 쉬운성경)

쑥쑥 자라나는 기도

다윗에게는 요나단을, 요나단에게는 다윗을 친구로 주신 하나님,
우리 아기에게도 친구를 주셔서
친구를 사랑하는 행복을 경험하게 하소서.
때로 나에게 손해가 되거나 어려움을 감수해야 하더라도
더 큰 사랑을 택할 수 있는 믿음의 사람이 되게 하소서.
하나님이 주시는 마음으로 사랑의 기쁨과 우정을 통해
행복을 누리며 살아가게 하소서.
예수님의 이름으로 기도합니다. 아멘.

구약 19 지혜의 왕 솔로몬

아가야, 네가 세상을 살아갈 때에 꼭 필요한 것이 무엇인지 아니?
어떤 사람은 돈이라고 생각하고, 어떤 사람은 명예라고 하고,
어떤 사람은 세상을 통치할 권력이라고 생각한단다.
그래서 그것을 얻기 위해서는 어떤 일이라도 마다하지 않으며
온갖 노력을 하며 살아가는 사람들이 있단다.
하지만 아가야, 꼭 기억하렴. 세상을 행복하게 살아가기 위해서
꼭 필요한 것은 지혜라는 것을 말이야.
그 지혜를 주시는 분이 바로 하나님이셔.
오늘은 하나님께 지혜를 얻은 왕의 이야기를 들려줄게.
이 말씀을 들으면서 너도 하나님께 구하렴.
세상의 이치를 깨달아 알 수 있는 지혜를 달라고.

처음 듣는 하나님의 말씀

솔로몬 왕이 제사를 드리려고 기브온으로 갔습니다. 그곳에는 가장 유명한 산당이 있었는데, 솔로몬은 천 마리의 짐승을 잡아 제단에서 태워 드리는 제사를 드렸습니다. 기브온에 있던 그날 밤, 여호와께서 솔로몬의 꿈속에 나타나셨습니다. 하나님께서 말씀하셨습니다.

"무엇이든지 네가 원하는 것을 구하여라. 내가 들어 주겠다."

솔로몬이 대답했습니다.

"여호와께서는 주님의 종인 내 아버지 다윗에게 큰 은혜를 베풀어 주셨습니다. 다윗은 주님 앞에서 진실되고 공의로우며 정직한 마음으로 살았습니다. 주님은 다윗에게 큰 자비를 베푸셔서 그의 아들인 저에게 그의 뒤를 이어 왕이 되게 하시고 오늘날까지 이르게 하셨습니다. 나의 하나님 여호와여, 주께서는 주의 종인 저를 종의 아버지 다윗을 대신해서 왕이 되게 하셨습니다. 그러나 저는 어린아이와 같아서 무슨 일을 해야 하는지 판단할 수 있는 지혜가 없습니다. 그럼에도 불구하고 주님의 종인 저에게 주님께서 선택하신 수많은 백성을 다스리도록 하셨습니다. 저에게 주님의 백성을 다스릴 수 있도록 옳고 그름을 가려 판결할 수 있는 지혜를 주십시오. 주께서 지혜를 주지 않으시면 이렇게 많은 주님의 백성을 어떻게 다스릴 수 있겠습니까?"

주께서는 솔로몬이 지혜를 달라고 하자 기뻐하셨습니다. 하나님께서 솔로몬에게 말씀하셨습니다.

"너는 오래 사는 것이나 부자가 되는 것을 구하지 않았고 네 원수를 죽여 달라고 하지도 않았다. 너는 바르게 판결할 수 있는 지혜를 구했다. 그러므로 내가 너의 말대로 하겠다. 나는 너에게 지혜와 슬기를 주겠다. 너처럼 지혜로운 사람은 전에도 없었고, 앞으로도 없을 것이다. 뿐만 아니라 네가 구하지 않은 것까지도 주겠다. 너는 부와 영광을 누릴 것이며 네 평생토록 너와 같은 왕은 어디에도 없을 것이다. 만일 네 아버지 다윗처럼 네가 나를 따르고 내 율법과 명령을 잘 지켜 행하면, 너를 오래 살도록 해 주겠다."

솔로몬이 깨어 보니 꿈이었습니다. 솔로몬은 예루살렘으로 가서 여호와의 언약궤 앞에 섰습니다. 그는 여호와께 태워 드리는 제물인 번제물과 화목 제물을 바치고, 모든 신하들에게 잔치를 베풀었습니다. (열왕기상 3:4-15, 쉬운성경)

쑥쑥 자라나는 기도

우리를 사랑하셔서 우리에게 지혜 주시기를 기뻐하시는 하나님,
우리 아기가 날마다 자라갈수록
지혜와 총명함을 더하여 주실 줄로 믿고 감사를 드립니다.
우리 아기가 하나님이 주시는 지혜로
세상을 현명하게 살아가게 하시고, 연약한 이들을 도우며
공동체를 화목하게 하는 사람으로 살아가게 하소서.
그리하여 하나님의 기쁨이 되게 하소서.
예수님의 이름으로 기도합니다. 아멘.

구약 20 마르지 않는 기름병과 밀가루 항아리

말씀을 듣기 전에

아가야, 하늘에서 비가 오지 않으면 이 세상은 어떻게 될까?

비가 없이 매일매일 햇볕만 내리쬔다면

아마도 온 세상이 뜨거워서 견디기가 힘들 거야.

그런데도 하나님은 비를 오지 않게 하신 때가 있었단다.

왜 그렇게 하셨을까?

하나님은 우리를 지키시고 보호해 주시는 분이신데 말이야.

비가 오지 않자 온 세상이 마르고 먹을 것이 없어서

사람들은 점점 힘들어 했지.

그런데 그때에도 하나님은 하나님의 사람에게 음식을 주셨단다.

어떻게 도와 주셨는지 궁금하지 않니?

오늘 들려줄 이야기는 하나님의 사람을 먹이시고,

살게 하시는 하나님의 사랑 이야기란다.

처음 듣는 하나님의 말씀

길르앗 땅 디셉 사람인 예언자 엘리야가 아합 왕에게 말했습니다.

"나는 이스라엘 하나님 여호와를 섬깁니다. 여호와의 살아 계심을 두고 맹세하지만, 내가 다시 명령하기까지 앞으로 몇 년 동안, 비나 이슬이 내리지 않을 것입니다."

여호와께서 엘리야에게 말씀하셨습니다.

"여기를 떠나 동쪽으로 가서 요단 강 동쪽에 있는 그릿 시냇가에 숨고 그곳의 시냇물을 마셔라. 내가 까마귀들을 시켜 네게 먹을 것을 가져다주겠다."

엘리야는 여호와께서 명령하신 대로 했습니다. 그는 요단 강 동쪽에 있는 그릿 시냇가로 가서 살았습니다. 까마귀들이 아침, 저녁으로 엘리야에게 빵과 고기를 가져다주었습니다. 그리고 엘리야는 그곳의 시냇물을 마셨습니다. 땅에 비가 내리지 않자, 얼마 뒤에 그 시냇물도 말라 버렸습니다.

여호와께서 엘리야에게 말씀하셨습니다.

"너는 일어나서 시돈 땅 사르밧으로 가서 살아라. 그곳의 한 과부에게 너를 돌보아 주라고 명령했다."

그래서 엘리야는 사르밧으로 갔습니다. 그가 성문으로 들어설 때에 한 과부가 땔감을 줍고 있었습니다. 엘리야가 말했습니다.

"마실 물을 한 그릇만 떠다 주시오."

그 과부가 물을 가지러 가려고 할 때, 엘리야가 또 말했습니다.

"빵도 조금만 가져다주시오."

그 여자가 대답했습니다.

"당신의 하나님 여호와께서 살아 계심을 두고 맹세하지만 나에게는 빵이 없습니다. 항아리에 밀가루가 조금 있고 기름병에 기름이 조금 있을 뿐입니다. 이곳에 땔감을 주우려고 왔는데 땔감을 주워 집에 가져가서 나와 내 아들이 죽기 전에 마지막으로 먹을 음식을 준비하려던 참이었습니다."

엘리야가 말했습니다.

"걱정하지 마시오. 집으로 가서 당신이 말한 대로 음식을 준비하시오. 그러나 먼저 조그마한 빵을 만들어서 나에게 가져오시오. 그리고 나서 당신과 당신 아들이 먹을 것을 준비하시오. 이스라엘 하나님 여호와께서 말씀하셨소. '나 여호와가 이 땅에 비를 내리기까지 그 항아리의 밀가루가 결코 떨어지지 않을 것이며 병의 기름도 떨어지지 않을 것이다.'"

여자는 집으로 가서 엘리야가 말한 대로 했습니다. 그리고 엘리야와 여자와 그의 아들이 날마다 음식을 넉넉히 먹었습니다. 여호와께서 엘리야를 통해 말씀하신 대로 항아리의 밀가루와 병에 있는 기름은 떨어지지 않았습니다. (열왕기상 17:1-16, 쉬운성경)

쑥쑥 자라나는 기도

하늘의 해와 구름과 비를 만드시고
온 세상의 생명을 주관하시는 하나님,
우리를 사랑하셔서 지금도 먹이시고, 풍성하게 하시며,
생명을 누리게 하심을 믿습니다.
우리 아기가 하나님 마음을 깨달아
하나님의 사람을 섬기고 대접하는 기쁨을 누리게 하소서.
나누어 주고 나누어 줄 때,
오히려 더 풍성해지는 하나님 나라를 경험하게 하소서.
살아 계신 하나님을 매일매일 만나는 행복을 누리게 하소서.
그리하여 하나님을 기쁘시게 하는 하나님의 사람이 되게 하소서.
예수님의 이름으로 기도합니다. 아멘.

구약 21 엘리야와 바알의 예언자들

말씀을 듣기 전에

아가야, 한 여름 뜨거운 햇빛을 가려주는
구름을 주신 분이 누구신지 아니?
구름 속에 비를 내려 주셔서 온 세상을
촉촉하게 적셔 주시는 분은 누구실까?
그분은 바람을 만들어 우리를 시원하게 해주시는 분이고,
때를 따라 열매를 맺게 하셔서
우리에게 먹을 것을 주시는 분이기도 하지.
그분은 스스로 계신 분, 세상을 사랑으로 지으시고 운행하시는 분,
바로 살아 계신 하나님이셔.
하지만 하나님이 없다고 하는 어리석은 사람들이 있단다.
그들은 우상을 만들고 그 우상에게 비를 달라고 절을 했어.
과연 사람이 만든 우상은 비를 내릴 수 있었을까?

처음 듣는 하나님의 말씀

세월이 흘렀습니다. 가뭄이 든 지 삼 년째 되던 해에 여호와께서 엘리야에게 말씀하셨습니다.

"가서 아합 왕을 만나라. 내가 곧 땅에 비를 내리겠다."

그리하여 엘리야는 아합을 만나러 갔습니다. 그 무렵, 사마리아에는 심한 가뭄이 들었습니다. 그래서 아합 왕은 왕궁을 관리하는 사람인 오바댜를 부르러 사람을 보냈습니다. 오바댜는 참마음으로 여호와를 따르는 사람이었습니다. 언젠가 이세벨이 여호와의 예언자들을 죽일 때에 오바댜는 그 가운데서 예언자 백 명을 오십 명씩 두 동굴에 나누어 숨겨 주고 그들에게 먹을 것과 마실 것을 가져다 준 일이 있었습니다. 아합 왕이 오바댜에게 말했습니다.

"모든 땅에 있는 샘과 시내를 다 뒤져 보자. 풀이 넉넉히 있는 곳을 알아내면 우리의 말과 노새들을 살릴 수 있을 것이고 더 이상 짐승들을 잃지 않게 될 것이다."

왕과 오바댜는 땅을 둘로 나누어 찾아다니기로 했습니다. 그래서 아합과 오바댜는 제각기 자기가 맡은 땅으로 떠났습니다. 오바댜가 길을 가다가 엘리야를 만났습니다. 오바댜가 엘리야를 알아보고 고개를 숙여 인사했습니다.

"당신은 나의 주 엘리야가 아니십니까?"

엘리야가 대답했습니다.

"그렇소. 그대의 왕에게 가서 내가 여기에 있다고 이르시오."

오바댜가 아합에게 가서 엘리야가 있는 곳을 일러 주었습니다. 그리하여 아합이 엘리야를 만나러 갔습니다. 아합이 엘리야를 보고 말했습니다.

"바로 네가 이스라엘을 괴롭히는 자냐?"

엘리야가 대답했습니다.

"이스라엘을 괴롭히는 사람은 내가 아니라 왕과 왕의 집안이오. 왕은 여호와의 명령에 복종하지 않았고 바알 신을 따랐소. 모든 이스라엘 백성에게 나를 만나러 갈멜산으로 오라고 이르시오. 이세벨에게서 얻어먹고 사는 바알의 예언자 사백오십 명과 아세라의 예언자 사백 명도 데려오시오."

아합이 모든 이스라엘 백성과 그 예언자들을 갈멜산으로 불러 모았습니다. 엘리야가 백성 앞에 서서 말했습니다.

"여러분은 언제까지 바알과 여호와 두 사이에서 머뭇거리고 있으렵니까? 여호와와 바알을 함께 섬길 것이오? 여호와가 참 하나님이시면 여호와를 따르고 바알이 참 하나님이면 바알을 따르시오."

그러나 백성은 아무 말도 하지 않고 잠잠히 있었습니다. 엘리야가 말했습니다.

"여호와의 예언자라고는 나밖에 남은 사람이 없소. 그러나 바알의 예언자들은 사백오십 명이나 있소. 소 두 마리를 가져와 바알의 예언자들에게 한 마리를 고르게 하고 그 소를 잡아서 여러 조각으로 나눈 다음에 장작 위에 올려놓게 하시오. 그러나 거기에 불을 지피지는 마오. 나도 나머지 소 한 마리를 잡아서 장작 위에 올려놓겠소. 나도 거기에 불을 지피지 않겠소. 당신들 바알의 예언자들이여, 당신들의 신에게 기도하시오. 나도 여호와께 기도하겠소. 기도를 들어 주셔서 불을 내리시는 신이 참 하나님이시오."

그러자 모든 백성이 그렇게 하는 것이 좋겠다고 말했습니다. 엘리야가 바알의 예언자들에게 말했습니다.

"당신들은 수가 많으니 먼저 하시오. 소 한 마리를 잡아서 준비하고 당신들의 신에게 기도하시오. 그러나 불을 지피지는 마시오."

그리하여 그들은 소 한 마리를 잡아다가 준비해 놓고 아침부터 한낮이 될 때까지 바알에게 기도했습니다. 그들은 "바알이여, 우리의 기도를 들어 주십시오"라고 외쳤습니다. 그러나 아무런 소리도 들리지 않았으며 아무런 대답도 없었습니다. 그들은 자기들이 만든 제단 둘레를 돌며 춤을 추었습니다. 한낮이 되자, 엘리야가 그들을 부추겼습니다.

"더 크게 기도해 보시오. 바알이 정말로 신이라면 지금 생각에 빠져 있는지도 모르고, 아니면 다른 일로 바쁘거나 어디 먼길을 떠났는지도 모르지 않소? 어쩌면 자고 있는지도 모르겠소. 그렇다면 깨워야 하지 않겠소?"

그들은 더 큰 소리로 기도했습니다. 그리고 그들은 자기들의 예배 관습에 따라 칼과 창으로 자기 몸을 찔러서 피가 나게 했습니다. 그들은 그런 식으로 자기들의 신을 예배하기도 했습니다. 낮이 지나서 저녁 제사를 드릴 시간이 다 되도록 바알의 예언자들은 계속해서 미친 듯이 날뛰었습니다. 그러나 아무런 소리도 들리지 않았습니다. 아무런 대답도 없었고 어떤 움직임도 보이지 않았습니다. 엘리야가 모든 백성에게 말했습니다.

"이제는 나에게로 오시오."

백성이 엘리야 곁으로 모여들자, 엘리야는 무너진 여호와의 제단을 다시 쌓았습니다. 엘리야는 야곱의 아들들의 지파 수에 따라 돌 열두 개를 준비했습니다. 야곱은 옛날에 여호와께서 "네 이름을 이스라엘이라 하여라"고 말씀했던 사람입니다. 엘리야는 그 돌들을 가지고 여호와를 위해 제단을 쌓았습니다. 그리고 나서 제단 둘레에 곡식 종자를 두 세아 정도 담을 수 있는 작은 도랑을 팠습니다. 엘리야는 제단 위에 장작을 놓고 소를 잡아서 여러 조각으로 나눈 다음에 장작 위에 올려놓았습니다. 그런 다음, "항아리 네 개에 물을 가득 채워서 제물과 장작 위에 부으시오"라고 말했습니다. 엘리야가 "한 번 더 부으시오"라고 말하자 사람들이 그대로 했습니다. 엘리야가 또 말했습니다.

"한 번 더 부으시오."

사람들이 세 번째로 물을 부었습니다. 그리하여 물이 제단 위로 넘쳐흘러 도랑을 가득 채웠습니다.

저녁 제사를 드릴 때가 되자, 예언자 엘리야가 제단 앞으로 나아가 기도했습니다.

"여호와여, 주님은 아브라함과 이삭과 이스라엘의 하나님이십니다. 주님이 이스라엘의 하나님이심을 증명해 주십시오. 그리고 제가 주님의 종이라는 것과 주께서 저에게 명령하여 이 모든 일을 하게 하셨음을 이 백성에게 보여 주십시오. 여호와여, 제 기도를 들어 주십시오. 여호와께서 하나님이시라는 것을 이 백성들이 알게 하소서. 주님이야말로 이 백성을 주께로 돌아오게 하시는 분이라는 것을 알게 하소서."

여호와의 불이 하늘에서 떨어져 제물과 장작과 제단 둘레의 돌과 흙을 태우고 도랑의 물을 말렸습니다. 모든 백성이 그 모습을 보고 땅에 엎드려 외쳤습니다.

"여호와 그는 하나님이시다! 여호와 그는 하나님이시다!"

엘리야가 말했습니다.

"바알의 예언자들을 붙잡으시오! 한 사람도 도망가지 못하게 하시오!"

백성이 예언자들을 다 붙잡자, 엘리야가 그들을 기손 시냇가로 끌고 가서 다 죽였습니다.

엘리야가 아합에게 말했습니다.

"이제 올라가서 먹고 마시십시오. 곧 큰 비가 내릴 것이오."

아합이 돌아가서 먹고 마셨습니다. 엘리야는 갈멜산 꼭대기로 올라가서 몸을 굽혀 머리를 무릎 사이에 파묻었습니다. 엘리야가 자기 종에게 말했습니다.

"가서 바다 쪽을 살펴보아라."

종이 가서 살펴본 후, 말했습니다.

"아무것도 안 보입니다."

엘리야가 다시 가서 살펴보라고 말했습니다. 그가 가서 살펴보는 일이 일곱 번이나 되풀이 되었습니다. 일곱 번째가 되자, 종이 말했습니다.

"사람 손바닥만한 작은 구름이 바다에서 올라오고 있습니다."

엘리야가 종에게 말했습니다.

"가서 아합에게 비가 와서 길이 막히기 전에 마차를 준비해서 당장 집으로 돌아가라고 전하여라."

얼마 지나지 않아서 검은 구름이 하늘을 덮었습니다. 그리고 바람이 불더니, 큰비가 내리기 시작했습니다. 아합은 자기 마차를 타고 이스르엘로 돌아갔습니다. 여호와께서 엘리야에게 큰 능력을 주셔서 엘리야는 허리를 동여매고 아합 왕보다 앞서서 이스르엘로 달려갔습니다. (열왕기상 18:1-8, 16-46, 쉬운성경)

쑥쑥 자라나는 기도

날씨와 시간을 주관하시는 창조주 하나님,
지금도 살아 계셔서 아침이면 온 세상이 햇빛으로 빛나게 하시며,
저녁이면 달과 별들로 빛나게 하시는 분이심을 믿습니다.
과거에도 살아 계셨고, 지금도 살아 계셔서
우리를 지키시고 보호하여 주심 또한 믿습니다.
엘리야를 통해 능력의 하나님을 보여주셨듯이
우리 아기와 우리 가족 모두 하나님의 능력을
나타내는 사람이 되게 하소서.
하나님의 뜻을 따라 기도하게 하시고,
하나님이 주시는 새 힘으로 살며,
하나님의 기쁨이 되는 사람으로 살아가게 하소서.
예수님의 이름으로 기도합니다. 아멘.

구약 22 엘리야와 엘리사

아가야, 네가 세상에 태어나게 되면
무엇이든지 계속 배우게 될 거야.
새로운 것을 하나씩 배워 갈 때마다 지혜가 더해지고,
생각이 깊어지고, 세상을 살아가는 힘과 능력을 키워가게 되는 거란다.
엄마는 네가 훌륭한 선생님을 만나기를 바라고,
네가 선생님을 뛰어 넘는, 그래서 선생님을 빛나게 하는
훌륭한 제자로 성장하기를 바란단다.
분명 하나님께서 그 모든 것을 인도해 주실 거야.
오늘은 선생님을 통해 우리를 성장시키시는
하나님의 사랑 이야기를 들려주려고 한단다.
하나님께서 자신의 능력을 부어 주시기 위해
선생님과 제자에게 친히 어떻게 하셨는지 잘 들어보렴.

처음 듣는 하나님의 말씀

여호와께서 엘리야를 회오리바람에 실어 하늘로 데려가려고 하셨습니다. 그때에 엘리야와 엘리사는 길갈에 있었습니다. 엘리야가 엘리사에게 말했습니다.

"여기에 남아 있어라. 여호와께서 나에게 벧엘로 가라고 말씀하셨다."

그러자 엘리사가 말했습니다.

"여호와의 살아 계심과 선생님의 살아 계심을 두고 맹세합니다. 저는 결코 선생님을 떠나지 않겠습니다."

그래서 그들은 함께 벧엘로 갔습니다. 벧엘에 있는 예언자의 무리가 엘리사에게 와서 말했습니다.

"여호와께서 오늘 당신의 선생님을 하늘로 데려가실 것을 알고 있습니까?"

엘리사가 말했습니다.

"그렇소. 알고 있소. 아무 말도 하지 마시오."

엘리야가 엘리사에게 말했습니다.

"여기에 남아 있어라. 여호와께서 나를 여리고로 보내셨다."

엘리사가 말했습니다.

"여호와의 살아 계심과 선생님의 살아 계심을 두고 맹세합니다. 저는 결코 선생님을 떠나지 않겠습니다."

그래서 두 사람은 함께 여리고로 갔습니다. 여리고에 있는 예언자의
무리가 엘리사에게 와서 말했습니다.

"여호와께서 오늘 당신의 선생님을 하늘로 데려가실 것을 알고 있습
니까?"

엘리사가 말했습니다.

"그렇소. 알고 있소. 아무 말도 하지 마시오."

엘리야가 엘리사에게 말했습니다.

"여기에 남아 있어라. 여호와께서 나를 요단강으로 보내셨다."

엘리사가 대답했습니다.

"여호와의 살아 계심과 선생님의 살아 계심을 두고 맹세합니다. 저
는 결코 선생님을 떠나지 않겠습니다."

그래서 두 사람은 함께 요단강으로 갔습니다. 예언자의 무리 가운데
오십 명도 따라갔습니다. 그들은 요단 강가에 있는 엘리야와 엘리사에
게서 멀찌감치 떨어져 두 사람을 바라보았습니다. 엘리야가 자기 겉옷
을 벗어 둘둘 말더니 그것으로 강물을 쳤습니다. 그러자 강물이 양쪽으
로 갈라졌습니다. 엘리야와 엘리사는 강물 사이로 드러난 마른 땅 위로
강을 건넜습니다. 강을 건넌 뒤에 엘리야가 엘리사에게 말했습니다.

"여호와께서 나를 데려가시기 전에 내가 너에게 무엇을 해 주기를
원하느냐?"

엘리사가 말했습니다.

"선생님의 영적인 능력에 두 배를 나에게 주십시오."

엘리야가 말했습니다.

"어려운 것을 구하는구나. 그러나 여호와께서 나를 데려가시는 것을 네가 보면, 그것을 받을 수 있을 것이다. 하지만 보지 못하면, 받지 못할 것이다."

엘리야와 엘리사가 걸어가며 이야기하고 있을 때에 불전차와 불말들이 나타나 두 사람을 갈라놓았습니다. 그러자 엘리야가 회오리바람을 타고 하늘로 올라갔습니다. 엘리사가 그 모습을 보고 외쳤습니다.

"내 아버지여, 내 아버지여, 이스라엘의 전차와 기병이여!"

엘리야는 다시 보이지 않았습니다. 엘리사는 너무 슬퍼서 자기 옷을 두 조각으로 찢었습니다. 엘리사는 엘리야가 떨어뜨린 겉옷을 주워 들었습니다. 그리고 다시 돌아가 요단 강가에 섰습니다. 엘리사가 엘리야의 옷으로 강물을 치며 말했습니다.

"엘리야의 하나님 여호와께서는 어디에 계십니까?"

그가 강물을 치자, 강물이 양쪽으로 갈라졌습니다. 엘리사가 그 갈라진 곳으로 강을 건넜습니다. 여리고에 있는 예언자의 무리가 엘리사를 지켜보고 있다가 말했습니다.

"엘리야의 영이 지금은 엘리사 위에 있도다."

그들은 엘리사를 맞으러 나와서 그 앞에 엎드려 절했습니다.

그 성에 사는 사람들이 엘리사에게 말했습니다.

"선생님, 보십시오. 선생님도 보시듯이 이 성은 살기 좋은 곳이지만 물이 좋지 않습니다. 그래서 이 땅에서는 열매가 익지 못하고 곧 떨어집니다."

엘리사가 말했습니다.

"새 대접에 소금을 담아 오시오."

사람들이 소금을 담아 왔습니다. 엘리사가 샘이 솟는 곳으로 가서 소금을 뿌리며 말했습니다.

"여호와께서 이렇게 말씀하셨소. '내가 이 물을 고치니 지금부터는 이 물 때문에 죽는 일이 없을 것이다. 그리고 이 물 때문에 열매 맺지 못하는 일도 없을 것이다.'"

엘리사가 말한 것과 같이 그 물은 오늘날까지도 깨끗한 상태로 남아 있습니다. (열왕기하 2:1-15, 19-22, 쉬운성경)

쑥쑥 자라나는 기도

우리에게 선생님을 보내주시는 하나님,
우리 아기도 하나님의 마음에 합한 선생님을 만나게 하셔서
새로이 배우고 익히는 일에 기쁨을 느끼며 힘쓰게 하소서.
하나님이 주시는 꿈을 꾸며 하나님과 동행하는 삶을 살게 하소서.
스승보다 더 능력 있는 제자가 되도록 노력하되,
하나님이 주시는 능력을 사모하는 마음을 갖게 하소서.
그리하여 세상을 살리는 사람이 되게 하시고,
하나님의 나라를 이루어 가는 능력의 사람이 되게 하소서.
예수님의 이름으로 기도합니다. 아멘.

구약 23 고난을 이겨낸 욥

말씀을 듣기 전에

아가야, 하나님을 믿는다고
무조건 모든 일이 다 잘되는 것은 아니야.
믿음이 좋은 사람에게도 시련과 고난이 찾아 올 수 있단다.
시련과 고난이 왔을 때 하나님은 우리가 어떻게 하기를 원하실까?
욥은 고난 중에도 하나님을 떠나지 않았고, 원망하지 않았단다.
하나님의 뜻을 인내하며 기다렸지.
하나님은 그런 욥에게 복을 주셨단다.
아가야, 엄마는 네가 어려울 때에도 기꺼이 인내하며 이겨내는
하나님의 사람이기를 축복해.
고난 중에도 하나님을 바라보면,
하나님은 이겨낼 지혜를 주시는 분이시란다.
하나님께서 고난을 이겨낸 욥에게
어떻게 복을 주셨는지 잘 들어 보렴.

처음 듣는 하나님의 말씀

하루는 욥의 자녀들이 맏형 집에 모여 음식을 먹으며 포도주를 마시고 있었습니다. 그때, 한 심부름꾼이 욥에게 와서 이렇게 말했습니다.

"소들은 쟁기질을 하고, 암나귀들은 그 곁에서 풀을 뜯고 있었습니다. 그런데 스바 사람들이 들이닥쳐 소들과 암나귀들을 빼앗고 종들을 칼로 쳐서 죽였습니다. 오직 저 혼자만 도망쳐 나와 이렇게 주인께 보고 드리는 것입니다."

그의 말이 끝나기도 전에 다른 사람이 와서 말했습니다.

"하늘에서 하나님의 불이 떨어져 양 떼와 종들을 태워 버렸습니다. 오직 저만 간신히 도망쳐 주인께 보고 드리는 것입니다."

아직 이 사람의 말이 끝나기도 전에 또 다른 사람이 와서 말했습니다.

"갈대아 강도가 세 무리나 들이닥쳐 낙타들을 빼앗고 종들을 칼로 쳐서 죽였습니다. 오직 저만 도망쳐 나와서 주인께 보고 드리는 것입니다."

아직 이 사람의 말이 끝나기도 전에 또 다른 사람이 와서 말했습니다.

"주인님의 자녀들이 큰아들 집에 모여서 음식을 먹으며 포도주를 마시고 있었습니다. 그런데 갑자기 사막에서 강풍이 불어와 집의 네 모퉁

이를 덮쳐 자녀분들이 깔려 죽고, 오직 저만 홀로 피해 나와서 보고 드리는 것입니다."

그러자 욥은 일어나 자기 옷을 찢으며 머리를 삭발하고 땅에 엎드려 하나님께 경배를 드리며 이렇게 말했습니다.

"내 어머니 태에서 벌거벗은 채로 나왔으니, 벌거벗은 채로 그곳으로 돌아갈 것입니다. 주신 분도 여호와시요, 가져가신 분도 여호와시니 여호와의 이름이 찬양을 받으시기 바랍니다!"

이 모든 일을 겪고도 욥은 죄를 짓거나 어리석게 하나님을 원망하지 않았습니다.

"내가 동쪽으로 가도 그분은 아니 계시고, 서쪽을 돌아보아도 찾을 수 없구나. 그가 북쪽에서 일하실 텐데도, 뵐 수가 없고 그가 남쪽으로 돌이키시나, 그를 뵐 수 없구나. 그러나 그분은 내가 가는 길을 아시지. 그분이 나를 시험하신 후에는 내가 정금같이 되겠지. 내 발이 그분의 길에 붙어서, 그 길을 따라가며 떠나지 않았지. 내가 그분의 명령을 떠나지 않았고, 그분의 말씀을 내가 매일 먹는 음식보다 귀하게 여겼어. 그렇지만 그분은 절대 주권자이시니 누가 그를 돌이킬 수 있을까? 그분은 자기 원하시는 일을 모두 하시질 않나? 그분은 날 위해 계획하신 것을 행하시며, 아직도 많은 계획들을 갖고 계실 거야."

여호와께서 욥의 말년에 처음보다 더 큰 복을 주셔서, 그는 만 사천 마리의 양과 육천 마리의 낙타와 황소 천 겨리와 당나귀 천 마리를 소유하게 되었습니다. 그리고 욥은 일곱 명의 아들과 세 명의 딸을 낳았습

니다. 그의 첫째 딸을 여미마라 하고, 둘째 딸을 긋시아, 셋째 딸을 게렌
합북이라 불렀는데 온 땅에 욥의 딸같이 아름다운 사람이 없었고, 욥은
그들에게도 아들과 같이 재산을 나누어 주었습니다. 그 후, 욥은 백사십
년을 더 살면서, 자손을 사 대까지 보았고, 오래 살다가 세상을 떠났습
니다. (욥기 1:13-22; 23:8-14; 42:12-17, 쉬운성경)

쑥쑥 자라나는 기도

고난과 시험 중에도 함께 하시는 하나님,
하나님은 우리를 고난을 통하여 성장 시키시며,
더욱 강건하게 하시는 분이심을 믿습니다.
때론 너무 힘들어 하나님이 없는 것처럼 느낄 때가 오더라도
우리 아기와 가정을 붙잡아 주셔서,
먼저 기도함으로 문제를 풀어 가게 하소서.
시간이 필요한 일이라면 인내의 능력도 주셔서
고난 앞에 조급해 하지 않게 하시고, 나약해지지 않게 하시며,
하나님을 바라보며 크고 놀라운 일을 행하시는 주님을 기대하게 하소서.
고난 중에도 매일매일 하나님을 만나는 감격이 있게 하소서.
예수님의 이름으로 기도합니다. 아멘.

구약 24 행복한 사람

말씀을 듣기 전에

아가야, 하나님은 어떤 모습이실까?
분명 인자하게 웃고 계신 모습일 거야.
우리가 아플 때는 안쓰럽게 바라보실 테고,
우리가 잘못을 하고 있을 때에는 걱정하시고,
우리가 기뻐할 때에는 함께 즐거워하면서 웃고 계시지 않을까?
하나님은 우리와 함께 하시면서 우리가 행복하기를 바라시고
우리에게 복을 주시는 분이란다.
우리의 행복을 바라시며,
진정한 복을 주시는 하나님의 이야기를 잘 들어보렴.
네가 복이 넘치는 사람이기를 축복하며 읽어 줄게.

처음 듣는 하나님의 말씀

행복한 사람은 나쁜 사람들의 꼬임에 따라가지 않는 사람입니다.
행복한 사람은 죄인들이 가는 길에 함께 서지 않으며,
빈정대는 사람들과 함께 자리에 앉지 않는 사람입니다.
그는 여호와의 가르침을 즐거워하고,
밤낮으로 그 가르침을 깊이 생각합니다.

그는 마치 시냇가에 옮겨 심은 나무와 같습니다.
계절을 따라 열매를 맺고 그 잎새가 시들지 않는 나무와 같습니다.
그러므로 그가 하는 일마다 다 잘 될 것입니다.

나쁜 사람들은 그렇지가 않습니다.
그들은 마치 바람에 쉽게 날아가는 겨와 같습니다.
그러므로 나쁜 사람들은 하나님께서 내리시는 벌을
견뎌 낼 수가 없을 것입니다.
죄인들은 착한 사람들과 함께 있을 수 없습니다.
착한 사람들이 가는 길은 여호와께서 보살펴 주시지만,
악한 사람들이 가는 길은 결국 망할 것입니다.

(시편 1:1-6, 쉬운성경)

쑥쑥 자라나는 기도

우리에게 복 주시기를 기뻐하시는 하나님,
하나님께서 우리 가정을 사랑하셔서
행복한 길로 인도해 주실 것을 믿습니다.
우리 아기에게 지혜를 더하셔서 옳고 그름을 분별 할 수 있게 하시며,
악과 타협하지 않는 강건함을 주시고,
때마다 하나님의 말씀이 생각나게 하셔서
하나님이 기뻐하시는 선택을 할 수 있도록 인도하여 주소서.
그리하여 기쁨과 보람이 있는 행복한 삶,
이웃과 세상을 살리는 생명력 넘치는 행복한 삶을 누리게 하소서.
날마다 하나님의 인도하심을 느끼며 살게하여 주소서.
예수님의 이름으로 기도합니다. 아멘.

아가랑 함께 태교 성장

여호와 하나님은 해요 방패이시라
여호와께서 은혜와 영화를 주시며 정직하게 행하는 자에게
좋은 것을 아끼지 아니하실 것임이니이다
만군의 여호와여 주께 의지하는 자는 복이 있나이다

시편 84편 11, 12절

구약 25 여호와는 나의 목자

말씀을 듣기 전에

아가야, 세상을 살아가다 보면
내 힘으로 해결할 수 없는 일들이 종종 생긴단다.
하지만 그때마다 우리를 도우시고, 새 힘을 주셔서
두려움과 염려에서 벗어나 평안할 수 있도록
인도해 주시는 분이 있단다.
그분은 너를 안전하게 지키시고,
너를 유익한 길로 인도해 주시는 분이야.
그분은 너에게 생명을 주신 하나님이시란다.
엄마는 그 하나님을 너와 함께 찬양하고 싶구나.

처음 듣는 하나님의 말씀

여호와는 나의 목자시니 내게 부족함이 없습니다.
그가 나를 푸른 풀밭에서 쉬게 하십니다.
여호와는 나를 잔잔한 물가로 이끌어 쉬게 하시며
나에게 새 힘을 주십니다.
자신의 이름을 위하여, 주님은 나를 의로운 길로 인도하십니다.

내가 음산한 죽음의 골짜기를 지나가게 된다 하더라도,
나는 겁나지 않습니다.

그것은 주님께서 나와 함께 계시기 때문입니다.
주님의 막대기와 지팡이가 나를 든든하게 보호해 줍니다.
주님께서 원수들이 보는 앞에서 내게 식탁을 차려 주십니다.
그리고 주님께서 내 머리 위에 향기로운 기름을 바르시며
내 잔이 넘치도록 가득 채워 주십니다.

여호와의 선하심과 사랑하심이
내가 죽는 날까지 나와 함께하실 것이 틀림없습니다.
이제 나는 여호와의 집에서 영원히 살 것입니다.

(시편 23:1-6, 쉬운성경)

쑥쑥 자라나는 기도

양을 돌보는 목자처럼 우리를 돌보아 주시는 하나님,
우리 아기도 안전하게 지켜주시며
평안을 누리게 하심을 믿고 감사를 드립니다.
하나님께서 세우신 우리 가정을 언제나 돌보아주셔서
하나님이 주시는 평안으로 가득한 안식처가 되게 하소서.
혹 가족들이 지치고 낙심될 때에 새 힘을 주셔서 일어서게 하시고,
어려움과 두려움 가운데 있을지라도
서로 격려하며 위로하여 넉넉히 이겨내게 하소서.
하나님께서 인도해 주시는 방향으로 나아가며
하나님과 동행하는 복을 누리게 하시고,
영원히 하나님 안에 거하는 가정되게 하소서.
예수님의 이름으로 기도합니다. 아멘.

아기에게 주는 말

그는 목자같이 양 떼를 먹이시며
어린 양을 그 팔로 모아 품에 안으시며
젖먹이는 암컷들을 온순히 인도하시리로다

이사야 40장 11절

구약 26 새 노래로 찬양하라

말씀을 듣기 전에

아가야, 오늘은 네가 너무 사랑스러워서
사랑한다고 노래를 불러 주고 싶구나.
엄마와 아빠가 서로 사랑하는 마음을 나누고 싶을 때에는
사랑의 노래를 함께 듣기도 하고 부르기도 했단다.
노래는 우리를 참 행복하게 해.
그런데 아가야, 우리를 사랑하시는 하나님도
우리의 노래를 듣고 싶어 하신단다.
우리가 하나님을 얼마나 사랑하는지
매일매일 새로운 마음으로 노래하기를 바라신단다.
오늘은 우리가 하나님께 노래를 불러드리면 좋겠구나.
흐뭇하게 기뻐하실 하나님을 생각하면서 찬양하자.
엄마가 읽어 줄 테니 너도 하나님을 찬양하렴.

처음 듣는 하나님의 말씀

새 노래로 여호와께 찬양하십시오.
그분이 놀라운 일들을 행하시고 능력의 오른손과 거룩한 팔로
우리에게 승리의 구원을 주셨습니다.

여호와는 온 세상에 그의 구원을 알리시고,
온 세계에 그의 의로우심을 알리셨습니다.
주는 이스라엘 백성을 향한 그의 사랑을 기억하셨습니다.
세상 끝에 있는 사람들까지도
우리 하나님의 구원을 바라보게 되었습니다.

온 땅이여, 기쁨으로 여호와께 즐거이 외치며,
악기에 맞추어 기쁨의 노래를 부르십시오.
수금으로 아름다운 음악을 여호와께 드리십시오.
수금과 노랫소리로 주를 찬양하십시오.
나팔과 호각을 불면서 왕이신 여호와 앞에서 즐거이 외치십시오.

바다와 그 안에 있는 모든 것들아. 높이 외쳐라.
온 세계와 그 안에 있는 모든 것들아, 다 노래하여라.

강들아 손뼉을 치고, 산들아 함께 즐거워하며 노래하여라.
여호와 앞에서 노래하십시오.

그것은 그가 세상을 심판하러 오시기 때문입니다.
그가 이 세상을 바르게 심판하시고
민족들을 공정하게 판단하실 것입니다. (시편 98:1-9, 쉬운성경)

쑥쑥 자라나는 기도

찬양을 기뻐 받으시는 하나님,
온 세상을 지으시고 우리를 구원하신 하나님을 찬양합니다.
입술로 하나님을 높이며, 손뼉으로 하나님을 찬양합니다.
발을 구르며 하나님을 찬양하고 마음을 다해 찬양하며,
하나님을 사랑합니다.
우리 아기도 함께 찬양하오니 아기의 찬양도 받아주소서.
우리 아기의 입술에 하나님을 높이는 찬양이 가득하게 하시며,
손과 발로 온몸으로 살아 계신 하나님을 찬양하며 노래하게 하소서.
할렐루야! 예수님의 이름으로 기도합니다. 아멘.

구약 27 여호와께 감사하라

말씀을 듣기 전에

아가야, 엄마는 하나님이 우리에게 생명을 주시고,
지혜를 주시고, 사랑의 마음과 믿음을 주시니
정말 감사해. 모두 하나님의 은혜야.
그리고 감사를 많이 하면 할수록
삶이 더욱 풍성해지고, 더욱 행복해 지는 것을 경험할 수 있단다.
아가야, 너의 삶도 감사가 넘치는 삶이기를 축복해.
엄마가 하나님께 감사의 고백을 올려 드릴 때
너도 같이 감사의 마음을 올려 드리렴.

처음 듣는 하나님의 말씀

여호와께 감사하십시오. 주는 선하시고, 그분의 사랑은 영원합니다.

모든 신 위에 뛰어나신 하나님께 감사하십시오.

그분의 사랑은 영원합니다.

모든 주들의 주께 감사하십시오. 그분의 사랑은 영원합니다.

홀로 위대한 기적들을 행하시는 그분께 감사하십시오.

그분의 사랑은 영원합니다.

지혜로 하늘을 만드신 그분께 감사하십시오.

그분의 사랑은 영원합니다.

물 가운데 땅을 펼치신 그분께 감사하십시오.

그분의 사랑은 영원합니다.

커다란 빛들을 만드신 그분께 감사하십시오.

그분의 사랑은 영원합니다.

낮을 다스리도록 해를 만드신 그분께 감사하십시오.

그분의 사랑은 영원합니다.

밤을 다스리도록 달과 별들을 만드신 그분께 감사하십시오.

그분의 사랑은 영원합니다.

이집트의 처음 난 모든 것을 치셨던 그분께 감사하십시오.
그분의 사랑은 영원합니다.
이스라엘을 이집트에서 인도하신 그분께 감사하십시오.
그분의 사랑은 영원합니다.
강한 손과 펴신 팔로 이스라엘을 이끄신 그분께 감사하십시오.
그분의 사랑은 영원합니다.
홍해를 둘로 나누셨던 그분께 감사하십시오.
그분의 사랑은 영원합니다.
이스라엘을 홍해에서 이끄신 그분께 감사하십시오.
그분의 사랑은 영원합니다.
파라오와 그의 군대를 홍해에 빠뜨리신 그분께 감사하십시오.
그분의 사랑은 영원합니다.
자기 백성을 인도하여 광야를 지나가게 하신 그분께 감사하십시오.
그분의 사랑은 영원합니다.

우리가 비천한 가운데 있을 때에
우리를 기억하셨던 그분께 감사하십시오.
그분의 사랑은 영원합니다.
적들로부터 우리를 자유롭게 하셨던 그분의 사랑은 영원합니다.

모든 피조물에게 음식을 주시는 그분께 감사하십시오.

그분의 사랑은 영원합니다.

하늘의 하나님께 감사하십시오.

그분의 사랑은 영원합니다. (시편 136:1-16, 23-26, 쉬운성경)

쑥쑥 자라나는 기도

우리를 끝까지 사랑하시며 구원하여 주시는 하나님, 감사합니다.

우리가 잘못 할 때에도 끝까지 인내하며 용서하시고,

영원한 구원을 믿는 믿음도 갖게 하시니 감사합니다.

우리 아기를 통해 하나님 아버지의 사랑을 느끼게 하시니 감사합니다.

우리 아기도 하나님의 은혜에 감사하며 자라가게 하소서.

감사로 키가 자라고, 마음이 자라게 하소서.

감사로 넓은 세상을 살아가게 하소서.

감사로 넉넉한 사람이 되게 하소서.

예수님의 이름으로 기도합니다. 아멘.

구약 28 여호와를 찬양하라

말씀을 듣기 전에

아가야, 찬양이 무엇인지 아니?
찬양은 그 대상을 높이며 자랑하는 거란다.
하나님을 자랑하고, 하나님을 높이고, 하나님으로 즐거워하는 것.
그것이 바로 하나님을 찬양하는 거란다.
하나님은 하나님이 만드신 모든 피조물이
하나님의 솜씨와 하나님의 능력을 찬양하기를 원하셔.
엄마는 네가 어떤 모습인지,
어떤 은사와 기질을 가지고 있는지 알 수는 없지만
너만의 특별함을 주셨음을 믿고 감사하며 하나님을 찬양해.
네가 앞으로 누리며 살아갈 모든 것은
하나님이 주신 것이니 너도 하나님을 자랑하며,
하나님을 높이며 살아가기를 엄마는 축복한단다.

처음 듣는 하나님의 말씀

여호와를 찬양하십시오.
하늘에서 여호와를 찬양하며,
위의 높은 곳에서 그분을 찬양하십시오.
주의 모든 천사들이여, 주를 찬양하며
하늘의 모든 군대들이여, 주를 찬양하십시오.
해와 달아, 주를 찬양하여라.
빛나는 너희 모든 별들아, 주를 찬양하여라.
가장 높은 너희 하늘아, 주를 찬양하며
하늘 위에 있는 너희 물들아, 주를 찬양하여라.
너희 만물들이여, 여호와의 이름을 찬양하여라.
주의 명령으로 그들이 창조되었다.

주께서 이 모든 것들을 영원히 제자리에 두셨습니다.
주는 결코 사라지지 않을 법령을 주셨습니다.

땅에서도 여호와를 찬양하여라.
너희 큰 바다 동물들과 해양들아, 주를 찬양하여라.
번개와 우박과 눈과 구름들아, 주의 명령을 따르는 폭풍들아,

주를 찬양하여라.

너희 산들과 모든 언덕들아, 과일나무들과 모든 백향목들아,

주를 찬양하여라.

들짐승들과 모든 가축들아, 작은 생물들과 날아다니는 새들아,

주를 찬양하여라.

땅의 왕들과 모든 나라들아, 땅에 있는 너희 귀족들과 통치자들아,

주를 찬양하여라.

청년들과 처녀들아, 노인들과 어린이들아, 주를 찬양하여라.

이 모든 것들아, 여호와의 이름을 찬양하여라.

그분의 이름만이 위대하며,

그분의 영광이 땅과 하늘 위에 빛납니다.

그분은 주의 백성을 강하게 하셨습니다.

그분은 모든 성도들의 찬양이요, 이스라엘의 찬양이며,

주를 가까이하는 백성들의 찬양입니다.

여호와를 찬양하십시오! (시편 148:1-14, 쉬운성경)

쑥쑥 자라나는 기도

우리의 찬양을 기뻐 받으시는 창조주 하나님,
우리에게 생명과, 지혜와, 사랑의 마음을 주시고
날마다 새로운 힘과 기운으로 살게 하시는 하나님을 찬양합니다.
우리 아기를 통하여 생명의 신비를 알아가게 하시고,
그것으로 기쁨을 얻게 하시는 하나님을 찬양합니다.
우리가 알지 못하는 때에도 선한 길로 인도 하시고,
좋은 것으로 채워 주시는 하나님을 믿기에
아기의 인생을 하나님께 맡기며 의지합니다.
하나님을 온전히 찬양하는 삶이 되게 하소서.
예수님의 이름으로 기도합니다. 아멘.

구약 29 지혜의 근원이신 하나님

말씀을 듣기 전에

아가야, 세상을 살아가기 위해서는
많은 정보와 지식이 필요하단다.
사람들은 그 지식을 얻기 위해 열심히 공부하고 또 공부하지.
너도 태어나면 많은 공부를 하면서 자라가게 될 거야.
하지만 지식보다 더 중요한 것이 있단다.
그것은 세상을 알아가는 지혜야.
지혜는 세상의 다양한 섭리와 이치를 깨달을 수 있는 힘인데,
공부를 많이 했다고 생기는 것이 아니라 하나님이 주시는 거란다.
아가야, 엄마는 네가 지혜의 사람이기를 축복하면서
하나님의 말씀을 읽어 주려고 해.
하나님이 주시고자 하는 지혜가 무엇인지
생각하면서 잘 들어 보렴.

처음 듣는 하나님의 말씀

내 아들아, 네가 내 말을 듣고, 내 명령을 마음에 깊이 간직한다면,

네 귀를 지혜에 기울이고, 네 마음을 총명에 둔다면,

네가 명철을 찾아 부르짖고, 총명을 찾아 외친다면,

은을 찾듯 네가 그것을 찾고 숨은 보화를 찾듯 한다면,

너는 여호와를 경외하는 법을 깨닫고,

하나님을 아는 지식을 찾을 것이다.

왜냐하면 여호와께서 지식을 주시고,

그분으로부터 지식과 총명이 나오기 때문이다.

그분은 정직한 사람들을 위해 성공을 예비하시고,

흠 없는 사람을 보호해 주시니,

그것은 그분이 의로운 사람의 길을 지키시고,

주께 충성하는 사람들의 길을 보호하시기 때문이다.

그러면 너는 무엇이 바르고, 의롭고, 공평한 것인지,

곧 모든 좋은 길을 깨닫게 될 것이다.

지혜가 네 마음에 들어가고,

지식이 네 영혼을 달콤하게 만들 것이다.

너의 분별력이 너를 지키며, 총명이 너를 보호할 것이다.

부드러운 대답은 화를 가라앉히지만, 과격한 말은 노를 일으킨다.

지혜 있는 자의 혀는 지식을 전달하지만,

어리석은 자의 입은 미련을 토해 낸다.

여호와의 눈은 미치지 않는 곳이 없어,

악인이나 선인 모두를 보고 계신다.

온화한 말은 생명나무와 같지만, 잔인한 말은 마음을 상하게 한다.

미련한 사람은 자기 아버지의 징계를 업신여기나,

책망을 듣는 자는 슬기롭다.

의인의 집에는 많은 재물이 있지만,

악인의 소득은 오히려 괴로울 뿐이다.

지혜로운 자의 입술은 지식을 전파하나,

어리석은 자의 마음은 그렇지 않다.

악인의 제사는 여호와께서 미워하시지만,

정직한 자의 기도는 기뻐하신다.

악인의 길은 여호와께서 미워하시나,

의를 따라가는 자는 기뻐하신다.

바른 길에서 떠나는 자는 엄중한 처벌을 받고,

책망을 싫어하는 자는 죽는다.

무덤과 사망도 여호와 앞에는 환히 드러난다.

하물며 여호와께서 사람의 마음을 어찌 모르시겠는가?

거만한 사람은 책망을 싫어하여, 지혜로운 사람에게 가지 않는다.

마음이 즐거우면 얼굴이 환하지만,
마음의 근심은 영혼을 상하게 한다.
슬기로운 마음은 지식을 추구하나,
어리석은 자들의 입은 미련을 먹고 산다.
고통당하는 자의 나날은 비참하나,
마음이 즐거운 자는 늘 축제를 연다.
재물이 없어도 여호와를 모신 삶이,
많은 재산을 갖고 있으면서 문제가 많은 것보다 낫다.
채소만 먹어도 서로 사랑하는 것이,

쇠고기로 잔치하면서 싸우는 것보다 낫다.
성미가 급한 사람은 다툼을 일으키나,
참는 사람은 싸움을 그치게 한다.
게으른 사람의 길은 가시밭이나,
정직한 사람의 길은 넓고 평탄한 길이다.
지혜로운 아들은 아버지를 기쁘게 하나,
어리석은 사람은 자기 어머니를 멸시한다.

지혜롭지 못한 사람은 미련을 즐기지만,
명철한 사람은 바른 길을 걷는다.

의논이 없으면 계획이 실패하고, 조언자들이 많으면 성공한다.

사람은 대답하는 말을 듣고 기쁨을 얻나니,

적절하게 맞는 말을 하는 것이 얼마나 값진 일인가?

지혜로운 자의 길은 위로 생명 길과 연결되어,

아래 무덤으로 떨어지는 것을 막아 준다.

여호와께서는 교만한 사람의 집은 허시지만,

과부의 밭은 지켜 주신다.

악인의 생각은 여호와께서 미워하시나,

선한 자의 생각은 기뻐하신다.

탐욕을 부리는 자는 자기 가족에게 재앙을 가져오나,

뇌물을 미워하는 자는 형통할 것이다.

의인은 신중히 대답하나, 악인의 입은 악을 마구 토해 낸다.

여호와께서는 악인을 멀리하시나, 의인의 기도는 들으신다.

마음의 기쁨은 눈을 통해 빛나고,

좋은 소식은 뼈를 건강하게 만들어 준다.

생명을 주는 책망에 귀 기울이는 자는

지혜로운 자들 가운데 살 것이다.

훈계를 무시하는 사람은 자기를 멸시하는 자이지만,

책망을 듣는 자는 총명을 얻는다.

여호와를 경외하는 것은 사람에게 지혜를 준다.

겸손하면 영예가 뒤따른다. (잠언 2:1-11; 15:1-33, 쉬운성경)

쑥쑥 자라나는 기도

지혜의 근원 되시는 하나님,
봄날의 따스한 햇볕도 하나님의 지혜로 지어졌고,
여름날 산 위에서 부는 시원한 바람도 하나님의 지혜로 지어졌으며,
때론 풍랑으로 바다를 뒤집으시며
바다를 깨끗케 하시는 질서도 하나님의 지혜임을 믿습니다.
우리 아기가 세상을 경험할 때마다
세상을 만드신 하나님의 지혜를 배우게 하시고,
하나님을 알아 의인의 길로 가는 지혜를 주시고
생각과 입술을 지혜로 채워주소서.
예수님의 이름으로 기도합니다. 아멘.

구약 30 사람의 걸음을 정하시는 하나님

사람들은 미래를 계획하면서 살아간단다.

하지만 우리가 생각한 계획대로 되지 않을 때가 많이 있어.

그것은 하나님께서 우리의 걸음을 인도하시고 정하시기 때문이야.

그래서 늘 하나님께서 무엇을 원하시는지,

우리에게 무엇을 가르쳐주고 싶으신지를 물어 보아야 한단다.

그러면 우리의 모든 것을 아시는 하나님께서

우리가 하나님의 생각을 깨닫도록 도와주시고

우리에게 유익한 길로 인도하시는 것을 경험하게 될 거야.

아가야, 분명 너의 앞날도 하나님께서 멋지게 준비 해 놓으셨을 거란다.

오늘도 하나님이 가르쳐주신 지혜의 말씀을 잘 들어보렴.

하나님의 계획 안에 거하며, 하나님께서 주시는 지혜를 구해보자.

처음 듣는 하나님의 말씀

마음의 계획은 사람이 세우지만,

그 일을 이루시는 분은 여호와이시다.

사람의 행위가 자기 보기에는 모두 깨끗하여도,

여호와께서는 마음을 살펴신다.

너의 일을 여호와께 맡겨라. 그러면 너의 계획이 성공할 것이다.

여호와께서 모든 것을 자기 목적대로 지으셨나니,

악인은 재앙의 날을 위해 만드셨다.

마음이 교만한 자는 여호와께서 미워하시며,

반드시 그들을 처벌하신다.

사랑과 신실함으로 죄를 용서받고,

여호와를 경외함으로 악을 멀리하게 된다.

사람의 행위가 여호와를 기쁘시게 하면,

그 사람의 원수까지도 화목하게 하신다.

적은 재물로 의롭게 사는 것이,

부정하게 얻은 재물을 쌓아 놓고 사는 것보다 낫다.

사람은 자기 마음에 앞날을 계획하지만,

그 걸음을 정하시는 이는 여호와이시다.

왕의 입술은 지혜를 말하고,

그의 입은 바른 것에서 떠나지 말아야 한다.
정확한 저울과 천칭은 여호와께서 정하신 것이요,
모든 저울추 역시 그분이 정하신다.
왕은 악한 일을 미워해야 한다.
공의로만 왕위가 튼튼히 세워지기 때문이다.
왕은 정직한 입술을 기뻐하고,
진리를 말하는 사람을 귀하게 여겨야 한다.
왕이 노하면 사람을 죽일 수 있으나,
지혜로운 자는 그 진노를 풀게 한다.
왕의 얼굴빛이 환하면 살 수 있으니,
그의 은총은 봄비를 담은 구름과 같다.

지혜를 얻는 것이 금을 얻는 것보다 낫고,
명철을 얻는 것이 은을 얻는 것보다 낫다.
악을 피하면 정직한 자의 길이 뚫리나니,
그 길을 걷는 사람은 자기 생명을 지킨다.
교만은 파멸의 선봉장이고, 거만한 마음은 넘어짐의 앞잡이다.
겸손한 자들과 함께 사는 것이,
교만한 자들과 빼앗은 물건을 나누는 것보다 낫다.
가르침에 순종하는 사람은 잘 되며,
여호와를 신뢰하는 자는 복이 있다.

마음이 지혜로운 자는 슬기롭다 하고,
사람들은 부드러운 말을 잘 듣는다.
명철한 사람은 생명샘을 가진 자이나,
미련한 사람은 그 미련함 때문에 벌을 받는다.
지혜로운 자의 마음은 그의 입을 다스리고,
그의 입술을 잘 가르친다.
부드러운 말은 송이꿀과 같아서, 영혼에 달며 뼈를 치료한다.
어떤 길은 바르게 보일지 모르나 결국은 죽음으로 인도한다.

사람은 배가 고파야 일을 하고, 허기져야 일거리를 찾는다.
불량배는 범죄를 꾀하고, 그의 말은 모조리 태워 버리는 불과 같다.
비뚤어진 사람은 다툼을 일으키고,
남의 말을 좋아하는 사람은 친구 사이를 갈라놓는다.
사악한 사람은 자기 이웃을 꾀어서 멸망의 길로 인도한다.
눈짓하는 사람은 음모를 꾸미는 자이며,
입술을 심술궂게 다문 사람은 죄를 저지른다.
백발은 영예로운 면류관이니, 의로운 삶을 통해 얻는다.
노하기를 더디 하는 사람은 용사보다 낫고,
자기를 다스릴 줄 아는 자는 성을 정복하는 자보다 낫다.
사람이 제비를 뽑지만, 그 결정은 여호와께서 하신다.

(잠언 16:1-33, 쉬운성경)

쑥쑥 자라나는 기도

우리의 걸음을 바르게 인도하시는 하나님,
우리 가정이 하나님께서 주시는 지혜로 살아가기를 원합니다.
세상 문화가 우리를 유혹하여 혼미해 질 때에
하나님께서 우리를 지켜주시고,
하나님의 뜻을 살피며 살아가게 하소서.
늘 하나님께서 기뻐하실 일에 마음을 두게 하시고,
하나님의 계획이 우리의 계획이 되게 하소서.
그리하여 노력하고 수고하는 일에 하나님의 영향력이 있게 하시고,
그것으로 보람과 기쁨을 누리게 하여 주소서.
내가 정하고 계획한 일이 이루어지지 않더라도
하나님께서 인도해 주시고 결정해 주시는 삶에 감사가 넘치게 하소서.
예수님의 이름으로 기도합니다. 아멘.

너는 마음을 다하여 여호와를 신뢰하고
네 명철을 의지하지 말라
너는 범사에 그를 인정하라
그리하면 네 길을 지도하시리라

잠언 3장 5, 6절

구약 31 평화의 왕이 오신다!

말씀을 듣기 전에

아가야, 하나님은 너를 위해 특별한 분을 보내 주셨단다.
그분은 흠이 없으시고 사랑으로 가득하신 분이야.
하나님은 그분을 우리에게 보내 주시려고
오래 전부터 계획하고 계셨단다.
그분을 통해 우리가 구원을 받고, 하나님의 자녀가 되기를 원하셨지.
그분은 온 세상에 하나님 나라의 평화를 가져오셨단다.
하나님의 구원 계획과 하나님의 나라가 궁금하지 않니?
오늘 말씀을 잘 들어보렴.
아마도 하나님 나라에 대한 생각이 가득해 질 거야.

처음 듣는 하나님의 말씀

이새의 그루터기에서 한 싹이 나며, 그의 뿌리에서 한 가지가 나와 열매를 맺을 것이다. 여호와의 영이 그에게 내릴 것이고, 주의 영이 그에게 지혜와 총명과 분별력과 능력을 주시며, 주를 알고 경외하게 하실 것이다. 그는 여호와를 경외하는 것을 즐거움으로 여길 것이고, 겉모습만 보고 판단하지 않으며, 사람들이 하는 말만 듣고 판결을 내리지 않을 것이다. 그는 가난한 사람들을 정직하게 재판하며, 이 땅의 힘없는 사람들에게 공평한 판결을 내릴 것이다. 그는 사악한 사람들 위에서 통치하며, 자기의 입김으로 그들을 멸할 것이다. 그는 정의와 성실을 허리띠처럼 두를 것이다.

그때에 이리와 어린 양이 평화롭게 살며, 표범이 새끼 염소와 함께 누우며, 송아지와 새끼 사자와 어린 황소가 함께 다니고, 어린아이가 그것들을 이끌고 다닐 것이다. 암소와 곰이 사이좋게 풀을 뜯을 것이며, 그것들의 새끼들이 함께 누우며, 사자가 소처럼 풀을 먹을 것이다. 젖먹이가 독사의 구멍 앞에서 장난치고, 어린아이가 살모사의 굴에 손을 넣을 것이다. 하나님의 거룩한 산 어디에도 그들을 해치는 것이나 다치게 하는 것이 없을 것이다. 물이 바다를 덮듯이, 그 땅에는 여호와를 아는 지식이 가득 찰 것이다.

그날에 네가 노래할 것이다.

"여호와여, 내가 주님을 찬양합니다. 주께서 전에는 내게 진노하셨으나, 이제는 진노를 거두시고 나를 위로해 주셨습니다. 하나님은 나의 구원이십니다. 하나님을 믿으니 내게 두려움이 없습니다. 여호와는 나의 힘이시며, 나의 노래이시며 나의 구원이십니다."

너희가 기쁨으로 구원의 우물에서 물을 길을 것이다. 그날에 너희가 말할 것이다.

"여호와를 찬양하고 주께 예배하여라. 주께서 하신 놀라운 일들을 민족들 가운데 전하여라. 그의 위대하신 이름을 알려라. 여호와께서 위대한 일을 하셨으니, 그를 찬양하여라. 주께서 하신 일을 온 세계에 전하여라. 시온에 사는 사람들아, 기쁨으로 외치고 노래하여라. 이스라엘의 거룩하신 분이 너희 가운데 위대한 일을 하셨다." (이사야 11:1-9; 12:1-6, 쉬운성경)

쑥쑥 자라나는 기도

이 땅을 구원하시는 하나님을 찬양합니다.
하나님께서 평화의 왕 예수님을 이 땅에 보내 주셔서
우리를 구원하여 주시니 감사합니다.
우리 아기도 우리를 구원하시는 하나님으로 인하여 기쁘게 하시고,
"하나님은 나의 힘이요, 노래이시며, 구원이십니다."라고
고백하는 삶을 살게 하소서.
다시 오실 예수님을 기대하며 구원의 하나님을 전하게 하여주소서.
그리하여 하나님 나라에 대한 아름다운 소망을 갖게 하소서.
예수님의 이름으로 기도합니다. 아멘.

173

구약 32 여호와만이
하나님이시다

말씀을 듣기 전에

아가야, 세상에는 하나님이 없다 하는 사람들도 있고,
어떤 이는 스스로 이상한 형상을 만들고
그 형상을 하나님이라 여기기도 한단다.
그렇지만 아가야, 이 세상을 말씀으로 지으시고,
네게 생명주신 여호와 하나님을 너는 잊어서는 안 된단다.
우리를 구원해 주시는 분도 하나님이시고,
우리로 영광 받으실 분도 하나님이신 것을 너는 꼭 기억해야 한단다.
어떠한 상황에서도 너를 떠나지 않으실 하나님을 찬양하고
하나님의 말씀에 순종하는 것이 마땅한 일이란다.
참 하나님에 대해 더 알고 싶지 않니?
이사야를 통해 하나님께서 하신 말씀을 잘 들어 보렴.

처음 듣는 하나님의 말씀

이스라엘의 왕이신 여호와, 이스라엘을 구원하시는 만군의 여호와께서 이렇게 말씀하셨다.

"나는 처음이요, 끝이다. 나밖에는 다른 신이 없다. 누가 나처럼 선포하며 미리 말하겠는가? 만약 있다면 나와서 나와 견주어 보라고 하여라. 내가 옛날 사람들에게 미래 일을 미리 밝혀 주었듯이, 만약 있다면 그들로 하여금 장차 일어날 사건들을 말해 보게 하여라. 두려워하지 마라. 걱정하지 마라. 내가 옛날부터 너희에게 장차 일어날 일을 일러 주지 않았느냐? 내가 미리 말하였다. 너희는 내 증인이다. 나밖에 다른 하나님이 또 있느냐? 나만이 유일한 반석이며, 다른 반석은 없다."

우상을 만드는 사람들이 있으나, 그들은 모두 헛되다. 우상을 좋아하는 사람이 있으나, 다 쓸데없다. 그런 사람은 우상의 증인이지만, 그들은 보지도 못하고 알지도 못한다. 그러므로 그들은 부끄러움을 당한다. 누가 이런 우상을 만들었느냐? 누가 이런 쓸모없는 신들을 만들었느냐? 보아라, 그런 무리들은 모두 부끄러움을 당할 것이다. 그들은 단순히 대장장이들일 뿐이요, 사람에 불과하다. 그들로 하여금 모두 모여서도록 하여라. 그들은 다 같이 두려움에 떨게 되며, 부끄러움을 당하게 될 것이다.

"야곱 백성아, 이 일들을 기억하여라. 이스라엘 백성아, 너희가 내 종이라는 것을 잊지 마라. 내가 너희를 지었다. 너희는 내 종이다. 그러므로 이스라엘아, 너희는 결코 나를 잊지 마라. 내가 짙은 구름과 같은 너희 죄악을 지워 버렸고, 안개와 같은 너희 죄를 사라지게 하였다. 내가 너희를 구했으니 내게로 돌아오너라."

하늘아, 여호와께서 이 큰 일을 하셨으니 기쁘게 노래하여라. 땅아, 네 깊은 곳까지 기쁨으로 외쳐라. 산들아, 숲과 그 안의 모든 나무들아, 주님께 노래하여라. 주께서 야곱 백성을 구하셨고, 이스라엘을 구원하심으로 큰 영광을 나타내셨다. 너희를 구원하신 여호와, 너희가 아직 어머니 배 속에 있을 때에 너희를 지으신 주께서 말씀하셨다.

"나 여호와가 땅과 그 안에 있는 모든 것을 지었다. 내가 홀로 저 하늘을 펼쳤다. 내가 거짓말하는 예언자들의 표적을 헛것이 되게 하였고, 마술하는 사람들을 바보로 만들었으며, 지혜로운 사람들을 헷갈리게 하여, 그들의 지식을 어리석은 것으로 만들었다. 그러나 나 여호와가 내 예언자들의 예언을 이루어지게 했다. 예루살렘을 가리켜 '사람들이 다시 여기에 살 것이다'라고 하였고, 유다의 성들을 가리켜 '이 성들이 다시 세워질 것이다'라고 하였다. 폐허가 된 예루살렘을 내가 다시 일으켜 세우겠다. 내가 강을 향해 마르라고 말하면, 강이 마를 것이다. 나는 고레스를 가리켜 '그는 내 목자다. 그가 나의 모든 뜻을 이룰 것이다.'라고 하였다. 또 나는 예루살렘을 가리켜 '너는 다시 세워질 것이다'라고 하였고, 성전을 가리켜 '너의 기초가 다시 놓일 것이다'라고 하였다."

정말로 주께서는 사람들이 볼 수 없는 하나님이시며, 이스라엘의 하나님이시며 구원자이시다. 우상을 만드는 사람은 다 부끄러움을 당하며, 한결같이 모욕을 당하며 물러날 것이다. 그러나 이스라엘은 여호와의 손에 구원을 받을 것이다. 그 구원은 영원할 것이며, 다시는 이스라엘이 부끄러움을 당하지 않을 것이다. 여호와께서 하늘을 창조하셨다. 그분은 땅을 만드신 하나님이시다. 그러나 주께서 헛되이 창조하신 것이 아니라, 땅 위에 사람이 살 수 있도록 만드셨다. 주께서 이렇게 말씀하셨다.

"나는 여호와다. 나 외에는 다른 하나님이 없다. 나는 은밀하게 말하지 않는다. 어두운 곳에서 내 말을 감추지 않았고, 야곱 자손에게 헛되이 나를 찾으라고 하지 않았다. 나 여호와는 진리를 말하고 옳은 것을 말한다. 다른 나라에서 피해 온 사람들아, 다 함께 모여 오너라. 나무 우상을 들고 다니는 사람들은 자기가 무슨 일을 하고 있는지 모른다. 그들은 구원하지도 못하는 신에게 기도한다. 너희는 모여서 함께 의논해 보아라. 누가 오래 전에 이 일을 일러 주었느냐? 누가 옛날에 이 일을 말했느냐? 나 여호와가 아니냐? 나 외에 다른 하나님은 없다. 나만이 의로운 하나님이며 구원자다. 나 외에 다른 하나님은 없다. 온 땅의 모든 사람들아, 내게 돌아와 구원을 받아라. 내가 하나님이다. 다른 하나님은 없다. 내가 내 이름으로 맹세한다. 내 맹세는 참되며 내가 한 말은 바뀌지 않는다. 내 맹세는 이러하다. 곧 모든 사람이 내게 무릎을 꿇을 것이며, 나를 따르기로 약속할 것이다."

사람들이 말하기를 '정의와 능력은 오직 여호와께만 있다'고 할 것이다. 여호와께 화를 냈던 사람이 다 주께 돌아와 부끄러움을 당하게 될 것이다. 그러나 여호와의 도우심으로 이스라엘의 모든 후손은 의롭다는 인정을 받고 주를 찬양할 것이다. (이사야 44:6-11, 21-28; 45:15-25, 쉬운 성경)

쑥쑥 자라나는 기도

참된 하나님이 누구인지 친히 알려 주시는 하나님,
우리의 창조주, 우리의 구원자이신 여호와 하나님을 믿습니다.
우리 아기도 살아 계신 참 하나님을 알게 하소서.
생명 주신 하나님을 기억하게 하소서.
하나님만이 나의 주인 되심을 고백하며 살게 하소서.
하나님만을 섬기며, 하나님 말씀에 순종하며,
하나님께만 예배하는 삶을 살게 하소서.
세상의 어떤 가치와도 바꾸지 않을 믿음으로,
하나님의 은혜와 사랑을 순간순간 느끼며 감사하는 복된 삶이 되게 하소서.
예수님의 이름으로 기도합니다. 아멘.

구약 33 하나님과 함께하는 다니엘

말씀을 듣기 전에

하나님과 함께하는 사람의 모습은 어떤 모습일지 궁금하지 않니?
오늘은 하나님을 사랑해서 하나님만을 섬겼던
다니엘의 이야기를 들려주려고 한단다.
나라가 망해서 포로로 잡혀간 다니엘은
그곳에서도 하나님만을 섬겼단다.
하나님은 그에게 건강을 주시고 지혜와 총명을 더하여 주셨어.
엄마는 네가 다니엘처럼 하나님을 사랑하는 사람이기를 축복해.
하나님이 너를 지키시고 너를 세워 주심을 기대하며
다니엘의 이야기를 시작하려고 한단다.
하나님의 사람 다니엘의 이야기를 잘 들어보렴.

처음 듣는 하나님의 말씀

유다 왕 여호야김이 왕이 된 지 삼 년째 되는 해에 바빌로니아 왕 느부갓네살이 군대를 이끌고 예루살렘에 쳐들어와 성을 포위했습니다. 그러자 주께서 유다 왕 여호야김을 느부갓네살 왕에게 포로로 넘겨주셨습니다. 그래서 그는 하나님의 성전 기구들 가운데 일부를 가져다가 바빌론에 있는 자기 신전의 보물창고에 두었습니다.

느부갓네살 왕이 아스부나스 환관장에게 명령하여 포로로 잡혀 온 이스라엘의 왕족과 귀족의 아들들 중에서 몇 명을 왕궁으로 데려오게 했습니다. 데려오는 소년들은 몸이 튼튼하고 잘생겨야 하며, 교육을 많이 받은 사람, 지혜와 총명이 있는 사람, 그리고 왕궁에서 왕을 모실 수 있는 사람이어야 했습니다. 왕은 그들에게 바빌로니아의 언어와 문학을 배우도록 하였습니다. 왕은 그들에게 매일 그가 먹는 음식과 그가 마시는 포도주를 주면서 삼 년 동안 교육시킨 후에 왕을 모시게 하려 하였습니다.

그들 가운데 다니엘과 하나냐와 미사엘과 아사랴가 있었는데, 이들 모두 유다의 자손들이었습니다. 환관장이 그들에게 바빌로니아식 이름을 지어 주어, 다니엘은 벨드사살로, 하나냐는 사드락으로, 미사엘은 메삭으로, 아사랴는 아벳느고로 불렸습니다. 다니엘은 왕이 준 음식과 포도주로 자신을 더럽히지 않기로 다짐했습니다. 그래서 환관장에게 자신을 더럽히지 않게 해달라고 간청하였습니다. 하나님께서 환관장의 마음을 움직이셔서 다니엘의 말을 좋게 여기도록 해 주셨습니다. 환관장이 다니엘에게 말했습니다.

"그렇지만 나는 나의 상전이 두렵다. 왕께서 너희가 먹고 마실 것을 정해 주셨는데, 너희가 이 음식을 먹지 않아 너희 얼굴이 너희 또래의 다른 젊은이들보다 못하게 보인다면 이 때문에 내 목숨은 왕 앞에서 위험하게 될 것이다."

다니엘은 환관장이 다니엘과 하나냐와 미사엘과 아사랴를 지키라고 세운 감독관에게 말하였습니다.

"우리를 십 일 동안, 시험해 보십시오. 우리는 채소와 물만 먹겠습니다. 감독관께서는 십 일 뒤에 우리의 얼굴과 왕의 음식을 먹는 다른 젊은이들의 얼굴을 비교하여 보시고 당신들의 종인 우리를 마음대로 하십시오."

감독관이 그 말대로 십 일 동안, 시험해 보았습니다. 십 일이 지났을 때, 그들의 얼굴빛은 왕의 음식을 먹는 다른 젊은이들의 얼굴빛보다 더 좋고 건강해 보였습니다.

그때부터 감독관은 다니엘과 하나냐와 미사엘과 아사랴에게 왕이 내린 음식과 포도주 대신에 채소를 주었습니다. 하나님은 이 네 사람에게 지혜를 주셔서 모든 문학과 학문에 뛰어나도록 해 주셨습니다. 또한 다니엘에게는 환상과 꿈을 해석하는 특별한 능력을 주셨습니다. 왕이 그들을 데려오라고 정한 그 기간이 끝나자, 환관장은 젊은이들을 느부갓네살 왕에게 데려갔습니다. 왕이 젊은이들과 이야기해 보았을 때 다니엘과 하나냐와 미사엘과 아사랴만한 사람이 없었기 때문에 그들이 왕을 모시게 되었습니다. 왕이 그들에게 여러 가지 지혜와 지식에 관한 문제를 물어 보고, 그들의 지혜와 판단력이 전국에 있는 어떤 마술사나 주술가보다도 열 배는 뛰어나다는 것을 알게 되었습니다. 그리하여 다니엘은 고레스가 왕이 된 첫해까지 왕궁에 남게 되었습니다. (다니엘 1:1-21, 쉬운성경)

쑥쑥 자라나는 기도

하나님의 사람을 친히 지키시고 보호하시는 하나님,
우리 아기에게도 다니엘과 같은 믿음을 주셔서
무슨 일을 할 때나 하나님이 기뻐하시는 방법을 생각하게 하시고,
하나님만을 섬기게 하소서.
하나님이 주시는 지혜와 총명으로 맡겨진 일을 열심히 감당하며
세상을 유익하게 하는 재목이 되게 하소서.
예수님의 이름으로 기도합니다. 아멘.

구약 34 사자 굴에 들어간 다니엘

말씀을 듣기 전에

아가야, 세상에는 지켜야 할 법이 많이 있단다.

그런데 우리가 지켜야 할 법들 가운데

하나님을 섬기지 못하게 하는 법이 있다면 어떻게 하는 것이 좋을까?

하나님의 사람 다니엘에게 그런 어려움이 생겼단다.

그 법을 어기면 사자 굴에 들어가는 벌을 받아야했어.

하지만 하나님을 사랑한 다니엘은

하나님께 예배하는 일이라면

어떠한 형벌이 있다고 해도 타협하지 않았단다.

그런 다니엘을 하나님께서 어떻게 지키셨는지 아니?

다니엘을 지켜주신 하나님의 사랑 이야기를 들려줄게.

잘 들어보렴.

처음 듣는 하나님의 말씀

　다리오는 총독 백이십 명을 세워 나라 전체를 다스리게 하는 것이 좋겠다고 생각했습니다. 그는 또 그들 위에 총리 세 명을 세웠는데, 다니엘도 그 가운데 한 사람이었습니다. 왕이 그들을 세운 이유는 나라를 다스리는 데 어려움이 없도록 하기 위함이었습니다. 다니엘은 다른 총리나 총독들보다 더 뛰어났기 때문에 왕은 그에게 나라 전체를 맡기려 했습니다. 그러자 다른 총리와 총독들이 다니엘을 고소하려고 그의 잘못을 찾으려 했지만, 그가 충성스럽게 나라 일을 잘 맡아 처리했으므로 아무런 잘못이나 흠을 찾을 수 없었습니다. 그러자 그들이 말했습니다.

　"다니엘은 하나님의 율법에 관한 것이 아니면 흠을 찾을 방법이 없겠소."

　그래서 총리와 총독들이 모여 왕에게 가서 말했습니다.

　"다리오 왕이시여, 만수무강 하십시오. 우리 총리들과 수령들과 총독들과 보좌관들과 지휘관들이 의논한 것이 있습니다. 우리는 왕이 한 가지 법을 세우셔야 한다고 생각합니다. 그것은 바로, 앞으로 삼십 일 동안 왕 이외에 다른 신이나 다른 사람에게 기도를 하는 자가 있으면 누구든지 사자 굴에 넣어야 한다는 것입니다. 왕이시여, 이 법을 세우십시오. 메대와 페르시아의 법은 예로부터 고치지 못하는 것이었으니, 이 법에도 도장을 찍어 고치지 못하게 하십시오."

다리오 왕은 법을 세우고 거기에 도장을 찍었습니다. 다니엘은 왕이 새 법에 도장을 찍은 것을 알고도 자기 집 다락방으로 올라가 늘 하던 것처럼 하루에 세 번씩 무릎을 꿇고 하나님께 기도하며 감사를 드렸습니다. 그 방 창문은 예루살렘 쪽을 향해 열려 있었습니다. 그 사람들이 무리를 지어 가다가 다니엘이 하나님께 간절히 기도드리는 모습을 보았습니다. 그들은 왕에게 가서 왕이 세운 법에 대해 말했습니다.

"왕이시여, 왕은 앞으로 삼십 일 동안 왕 외에 다른 신이나 다른 사람에게 기도를 하면 누구든지 사자 굴에 넣는다는 법을 세우시고 거기에 도장을 찍지 않으셨습니까?"

왕이 대답했습니다.

"그렇다. 내가 그 법을 세웠다. 또한 메대와 페르시아의 법은 고칠 수 없다."

그 사람들이 왕에게 말했습니다.

"유다에서 잡혀온 사람 중 다니엘이 왕께서 도장을 찍으신 법을 무시하고 아직도 날마다 하루에 세 번씩 자기 하나님께 기도하고 있습니다."

왕은 그 말을 듣고 매우 괴로워했습니다. 왕은 다니엘을 구하고 싶어서 해가 질 때까지 그를 구할 방법을 찾으려 애썼습니다. 그 사람들이 무리를 지어 왕에게 가서 말했습니다.

"왕이시여, 메대와 페르시아의 법은 왕이 한 번 법이나 명령을 내리고 나서는 그것을 다시 고칠 수 없다는 것을 기억하십시오."

그래서 다리오 왕은 명령을 내려 다니엘을 붙잡아 사자 굴에 넣게 했습니다. 왕이 다니엘에게 말했습니다.

"네가 늘 섬기던 너의 하나님이 너를 구해 주실 것이다."

사람들이 큰 돌 하나를 굴려 와서 사자 굴 입구를 막았습니다. 그러자 왕이 도장으로 사용하는 반지와 신하들의 도장으로 바위 위에 찍었습니다. 아무도 그 바위를 옮겨 다니엘을 꺼내지 못하게 하기 위한 것이었습니다. 그런 뒤에 다리오 왕은 왕궁으로 돌아갔습니다. 그날 밤, 왕은 아무것도 먹지 않았으며 오락도 금지시켰습니다. 왕은 잠도 자지 못했습니다. 이튿날 아침, 다리오 왕은 새벽에 일어나 급히 사자 굴로 가 보았습니다. 왕은 굴에 가까이 이르러 걱정하는 목소리로 다니엘을 불렀습니다.

"살아 계신 하나님의 종 다니엘아, 네가 늘 섬기는 하나님이 너를 사자들로부터 구해 주셨느냐?"

다니엘이 대답했습니다.

"왕이시여, 만수무강 하십시오. 나의 하나님께서 천사들을 보내셔서 사자들의 입을 막으셨습니다. 하나님께서는 내가 죄가 없다는 것을 아시기 때문에 사자들이 나를 해치지 못하게 하셨습니다. 왕이시여, 나는 왕에게 잘못한 일이 없습니다."

다리오 왕은 너무 기뻤습니다. 그는 종들에게 다니엘을 사자 굴에서 꺼내라고 말했습니다. 왕의 종들이 다니엘을 꺼내 보니 다니엘의 몸에는 아무런 상처도 없었습니다. 그것은 다니엘이 자기 하나님을 믿었기 때문입니다. 왕이 명령을 내려 다니엘을 고소한 사람들뿐 아니라 그 아내와 자녀들까지 데려와 사자 굴에 넣게 했습니다. 사람들이 그들을 굴에 넣었더니 바닥에 닿기도 전에 사자들이 덮쳐서 그들의 뼈까지 부수어 버렸습니다.

왕이 백성들과 나라들과 각기 다른 말을 쓰는 모든 사람들에게 조서를 내렸습니다.

"너희에게 평안이 넘치기를 원하노라. 내가 새 법을 세운다. 내 나라에서 사는 백성은 모두 다니엘의 하나님을 두렵고 떨림으로 섬겨야 한다. 다니엘의 하나님은 살아 계신 하나님이시며, 영원히 사시는 분이시다. 그의 나라는 결코 망하지 않으며, 그의 다스리심은 영원할 것이다. 하나님은 백성을 건져내기도 하시고 구원하시기도 하신다. 하늘과 땅에서 놀라운 기적을 일으키신다. 하나님께서 다니엘을 사자들의 입에서 구해 주셨다."

다니엘은 다리오 왕과 페르시아 사람 고레스 왕이 다스리는 동안 평안히 살았습니다. (다니엘 6:1-28, 쉬운성경)

아기 곰이 태어났다

쑥쑥 자라나는 기도

하나님의 사람을 지켜주시는 하나님,
어떤 상황에서도 우리를 지켜주시며
승리하게 하시는 하나님이심을 믿습니다.
우리 아기에게 하나님을 사랑하는 마음을 부어주시고,
어떤 상황 속에서도 변함없이 하나님께 예배하는 사람이 되게 하소서.
하나님 앞에서 행하며, 맡겨진 일에 최선을 다하게 하시고,
사람들에게 칭찬받는 삶으로 하나님께 영광 돌리게 하소서.
그리하여 세상 사람들로 하여금
살아 계신 하나님을 알게 하는 사람이 되게 하소서.
예수님의 이름으로 기도합니다. 아멘.

구약35 큰 물고기 속의 요나

말씀을 듣기 전에

하나님은 때로 우리가 하고 싶지 않은 일을 맡기실 때가 있단다.
그럴 때면 우린 누구나 도망가고 싶어지지.
하지만 우리가 도망쳐도 하나님은 하나님의 계획을 이루신단다.
오늘은 요나의 이야기를 들려주려고 해.
하나님의 명령을 어기고 도망갔던 요나를 위해
하나님은 큰 물고기를 준비해 놓으셨고,
요나를 통해 끝내 니느웨를 구원하시려는 계획을 이루셨단다.
아가야, 엄마는 네가 하나님께 쓰임 받는 사람이기를 축복해.
비록 그 길이 두렵고 부담이 되어도
하나님께 의지하면서 순종하는 사람이기를 기대한단다.
하나님께서 요나를 어떻게 만나주셨는지 잘 들어 보렴.
그리고 하나님께서 세상을 얼마나 사랑하시는지도 생각하면 좋겠구나.

처음 듣는 하나님의 말씀

여호와께서 아밋대의 아들 요나에게 말씀하셨습니다.

"일어나 저 큰 성 니느웨로 가서 그 성을 향해 외쳐라. 그들의 죄가 내 앞에까지 이르렀다."

그러나 요나는 여호와를 피해 다시스로 도망쳤습니다. 그는 욥바 성으로 내려가 마침 다시스로 떠나는 배를 발견하고, 뱃삯을 낸 뒤 다른 사람들과 함께 배에 올라탔습니다.

여호와께서 바다 위에 큰 바람을 보내시니, 파도가 높게 일어 배가 부서지게 되었습니다. 뱃사람들은 두려움에 빠져 각자 자기 신에게 부르짖었습니다. 사람들은 짐을 바다로 내던지며 배를 가볍게 만들어 가라앉지 않게 했습니다. 그때, 요나는 배 밑창에서 잠자고 있었습니다. 배의 선장이 와서 요나를 보고 말했습니다.

"어찌하여 잠을 자고 있소? 일어나서 당신의 신에게 부르짖으시오. 혹시 당신의 신이 우리를 생각해 주어 우리가 살아날지도 모르잖소."

사람들이 서로 말했습니다.

"제비를 뽑아서 누구 때문에 우리가 이런 재앙을 만나게 되었는지 알아봅시다."

그래서 사람들이 제비를 뽑는데, 요나에게 그 제비가 떨어졌습니다. 사람들이 요나에게 물었습니다.

"어째서 우리에게 이런 재앙이 내렸는지 말해 보시오. 당신은 무엇 하는 사람이며, 어디에서 오는 길이오? 어느 나라 사람이며, 어떤 백성 이오?"

요나가 대답했습니다.

"나는 히브리 사람입니다. 나는 바다와 땅을 지으신 하늘의 하나님, 곧 여호와를 섬기는 사람입니다."

요나의 말을 들은 사람들은 그가 여호와를 피해 도망쳤다는 것을 알 고 더욱 두려워하며 요나에게 소리쳤습니다.

"어떻게 그런 무서운 일을 했소?"

바다에 바람과 파도가 점점 더 거세졌습니다. 그러자 사람들이 요나 에게 물었습니다.

"당신을 어떻게 해야 저 바다가 잔잔해지겠소?"

요나가 대답했습니다.

"나를 바다에 던져 넣으십시오. 그러면 바다가 잔잔해질 것입니다. 나 때문에 이런 큰 폭풍이 몰려왔다는 것을 나도 알고 있습니다."

요나가 그렇게 말했지만 사람들은 배를 육지 쪽으로 저어 가려고 애 썼습니다. 그러나 바람과 파도가 점점 더 거세질 뿐 아무런 소용이 없었 습니다. 사람들이 여호와께 부르짖었습니다.

"여호와여, 우리가 이 사람을 죽인다고 해서 우리를 죽이지 마십시 오. 우리가 죄 없는 사람을 죽인다고 생각하지 마십시오. 주 여호와여, 이 모든 일은 여호와께서 바라시는 대로 일어난 것입니다."

사람들은 요나를 바다에 던졌습니다. 그러자 바다가 잔잔해졌습니다. 사람들은 그 모습을 보고 여호와를 더욱 두려워하여 여호와께 희생 제물을 바치고 주께 맹세했습니다. 여호와께서는 매우 큰 물고기를 준비하셔서 요나를 삼키게 하셨습니다. 요나는 삼 일 밤낮을 그 물고기 배 속에 갇혀 있었습니다.

　요나는 물고기 배 속에 있으면서 그의 하나님 여호와께 기도했습니다.

　"내가 고통 중에서 여호와께 기도했더니, 주께서 내게 응답하셨습니다. 내가 죽게 되었을 때에 부르짖었더니, 주께서 내 목소리를 들어 주셨습니다. 여호와께서 나를 깊은 바다로 던져 넣으셨습니다. 물이 나를 에워싸고 주의 큰 물결과 파도가 나를 덮쳤습니다. 나는 '내가 주 앞에서 쫓겨났으나 다시 주의 거룩한 성전을 보기를 원합니다.'라고 말했습니다. 바닷물이 나를 덮어 죽게 되었습니다. 깊은 바다가 나를 에워쌌고 바다풀이 내 머리를 휘감았습니다. 내가 저 깊은 바닷속 산의 밑까지 내려갔습니다. 영원히 이 땅의 감옥에 갇혔다고 생각했습니다. 그러나 나의 하나님 여호와여, 주께서 나를 구덩이로부터 건져 주셨습니다. 내 목숨이 거의 사라져 갈 때에 여호와를 기억하였더니 나의 기도가 주의 거룩한 성전에 이르렀습니다. 헛된 우상을 섬기는 사람들은 주께서 베푸신 은혜를 저버렸습니다. 그러나 나는 주께 감사하고 찬양하며 제물을 바칩니다. 주께 맹세한 것은 무엇이든 지키겠습니다. 구원은 여호와께 있습니다."

여호와께서 그 물고기에게 말씀하시니 물고기가 요나를 마른 땅 위에 뱉어 놓았습니다.

여호와께서 또다시 요나에게 말씀하셨습니다.
"일어나 저 큰 성 니느웨로 가거라. 그곳에서 내가 너에게 전하는 말을 외쳐라."
요나는 여호와께 복종하여 일어나 니느웨로 갔습니다. 니느웨는 둘러보는 데만 삼 일이나 걸리는 매우 큰 성이었습니다. 요나는 하루 종일 걸어 다니면서 "사십 일이 지나면, 니느웨는 멸망한다!"라고 백성에게 외쳤습니다. 니느웨 백성은 하나님을 믿었습니다. 그래서 그들은 금식을 선포하고, 가장 높은 사람에서부터 가장 낮은 사람에 이르기까지 모두가 굵은 베옷을 입었습니다. 니느웨의 왕도 그 소식을 듣고 자리에서 일어나 입던 옷을 벗고 거친 베옷을 입었습니다. 그리고 잿더미에 앉았습니다. 왕은 니느웨 온 성에 다음과 같이 선포했습니다.

"왕과 귀족들이 내리는 명령이다. 사람이든 짐승이든, 소 떼든 양 떼든 입에 어떤 것이라도 대서는 안 된다. 음식을 먹어서도 안 되고 물을 마셔서도 안 된다. 사람이든 짐승이든 굵은 베옷을 입고 여호와께 힘껏 부르짖어야 한다. 누구나 악한 길에서 돌이켜야 하고 폭력을 쓰지 말아야 한다. 혹시 하나님께서 그 마음을 바꾸셔서 더 이상 노하지 않으실지 모른다. 그러면 우리도 죽지 않게 될 것이다."
하나님께서는 그 백성이 하는 것, 곧 그 악한 길에서 돌이키는 모습을 보시고 마음을 바꾸셔서 그들에게 내리기로 작정하셨던 재앙을 내리지 않으셨습니다.

그러나 요나는 하나님께서 그 성을 멸망시키지 않으신 것에 대해 매우 못 마땅히 여겨 화를 냈습니다. 요나가 여호와께 불평하며 말했습니다.

"나는 고국에 있을 때부터 이런 일이 일어날 줄 알았습니다. 내가 급히 다시스로 도망쳤던 것도 그런 까닭에서였습니다. 나는 주께서 자비롭고 은혜가 많으신 하나님이라는 것을 알았습니다. 주께서는 노하기를 더디 하시고 사랑이 많으시기 때문에, 그들을 심판하시기보다 용서해 주시리라는 것을 알고 있었습니다. 그러니 여호와여, 제발 나를 죽여 주십시오. 내게는 사는 것보다 죽는 것이 더 낫습니다."

그러자 여호와께서 "네가 그렇게 화를 내는 것이 과연 옳으냐?"라고 말씀하셨습니다.

요나는 성 밖으로 나가 성의 동쪽에 머물렀습니다. 그는 오두막을 짓고 그 그늘 아래에 앉아 성이 어떻게 되는가를 지켜보며 기다리고 있었습니다. 하나님 여호와께서 요나의 위로 박넝쿨을 자라게 하셨습니다. 그러자 그 나무가 요나의 머리 위에 그늘을 만들었습니다. 요나는 그 그늘 때문에 좀더 편해졌으므로 기분이 좋았습니다.

이튿날 새벽녘에, 하나님께서 벌레 한 마리를 보내셔서 그 나무를 해치도록 하셨습니다. 그 나무는 곧 죽어 버렸습니다. 해가 떠오르자 하나님께서 뜨거운 동풍을 불게 하셨습니다. 그래서 요나의 머리 위로 햇볕이 내리쬐었습니다. 요나는 온몸의 힘이 빠졌습니다. 그는 죽고 싶은 마음에 "내게는 사는 것보다 죽는 것이 더 낫습니다"라고 말했습니다. 하나님이 요나에게 말씀하셨습니다.

"네가 그 나무 때문에 화를 내는 것이 과연 옳으냐?"

요나가 대답했습니다.

"그렇습니다. 죽고 싶도록 화가 납니다."

그러자 여호와께서 말씀하셨습니다.

"네가 심지도 않았고 가꾸지도 않았으며, 밤새 나타났다가 이튿날 죽고 만 그 나무를 그렇게 아끼는데, 하물며 옳고 그름을 가릴 줄 모르는 사람이 십이만 명도 넘게 살고 있으며, 짐승들도 수없이 많은 저 큰 성 니느웨를 내가 아끼지 않을 수 있겠느냐?" (요나 1:1-4:11, 쉬운성경)

아가페 큐티 양육

쑥쑥 자라나는 기도

세상을 구원하여 주시는 하나님,
우리가 하나님의 뜻을 뿌리치며 도망칠 때에도
주의 뜻을 이루도록 다시 우리를 인도하시는 분이심을 믿습니다.
하지만 우리가 연약하여서 하나님께서 맡기신 일들이
두렵고 힘들게 느껴질 때도 있음을 고백합니다.
큰 물고기를 준비하여 요나를 만나주셨던 것처럼,
우리 아기도 하나님의 특별한 방법으로 때마다 만나주시고,
하나님이 이끌어 가시는 대로 순종하는 믿음을 주소서.
그리하여 하나님의 사랑의 역사가
매일매일 이루어지고 있음을 보게 하소서.
하나님의 사랑을 경험하는 삶을 살게 하소서.
예수님의 이름으로 기도합니다. 아멘.

신약 New Testament

"오직 주께서 나를 모태에서 나오게 하시고
내 어머니의 젖을 먹을 때에 의지하게 하셨나이다
내가 날 때부터 주께 맡긴 바 되었고
모태에서 나올 때부터 주는 나의 하나님이 되셨나이다"

_시 22:9-10

신약 1 예수님이 이 땅에 오셨어요

말씀을 듣기 전에

아가야, 엄마는 엄마와 아빠가 서로 사랑하고 아껴주며,
하나님을 향한 믿음을 가지고 있을 때 너를 만나게 되어
얼마나 감사한지 모른단다.
마리아와 요셉도 하나님의 인도하심으로 부부가 되었고,
아기를 낳았단다. 그 아기가 바로 예수님이야.
성령으로 잉태되신 아기 예수님은 너처럼
엄마의 배 속에서 열 달을 보내셨어.
오늘 말씀을 들으면, 예수님이 어떻게 태어나셨는지,
예수님을 축하하러 온 사람들은 누구였는지,
그리고 무엇보다 예수님이
이 땅에 왜 오셨는지를 알게 될 거란다.

처음 듣는 하나님의 말씀

예수 그리스도는 이렇게 태어나셨습니다. 예수님의 어머니인 마리아는 요셉과 약혼을 했는데, 두 사람이 결혼도 하기 전에 성령에 의해서 마리아가 임신하게 된 사실이 밝혀졌습니다. 마리아의 남편 요셉은 의로운 사람이었습니다. 그는 마리아를 창피하게 만들고 싶지 않아서 조용히 파혼하려고 하였습니다. 요셉이 이 일을 생각하고 있을 때, 꿈에 주의 천사가 나타났습니다. 천사는 요셉에게 이렇게 말했습니다.

"다윗의 자손 요셉아, 마리아를 아내로 삼는 것을 두려워하지 마라. 마리아가 아기를 가진 것은 성령께서 하신 일이다. 마리아가 아들을 낳을 것인데, 이름을 예수라고 하여라. 그가 자기의 백성을 죄에서 구원해 낼 것이다."

이렇게 하여, 주께서 예언자를 통해서 예언하신 말씀이 이루어졌습니다.

"보라! 처녀가 임신하여 아들을 낳을 것이며, 사람들이 그의 이름을 임마누엘이라고 부를 것이다."

임마누엘은 '우리와 함께 계시는 하나님'이라는 뜻입니다. 요셉은 잠에서 깬 후, 주의 천사가 명령한 대로 했습니다. 요셉은 마리아와 결혼하였습니다.

그때에 아구스도 황제가 내린 칙령에 따라 온 나라가 호적 등록을 하게 되었습니다. 이것은 구레뇨가 시리아의 총독으로 있을 때 행한 첫 번째 호적 등록이었습니다. 그래서 모든 사람들이 호적을 등록하러 고향으로 가게 되었습니다. 요셉도 다윗 가문의 자손이었으므로 갈릴리 나사렛을 떠나 유대 지방에 있는 다윗의 마을로 갔습니다. 이 마을은 베들레헴이라고 불렸습니다. 그는 약혼한 마리아와 함께 호적을 등록하러 갔습니다. 마리아는 그때에 임신 중이었습니다. 이들이 베들레헴에 있는 동안 아기를 낳을 때가 되었습니다. 마리아는 첫아들을 낳아 포대기에 싸서 구유에 눕혀 두었습니다. 그것은 여관에 이들이 들어갈 빈방이 없었기 때문입니다.

그 근처 들판에서 목자들이 밤에 양 떼를 지키고 있었습니다. 주님의 천사가 갑자기 이들 앞에 나타났습니다. 주님의 영광이 그들을 둘러 비추자, 이들은 몹시 두려워하였습니다. 천사가 그들에게 말했습니다.

"두려워 마라. 보아라. 모든 백성을 위한 큰 기쁨의 소식을 가지고 왔다. 오늘 다윗의 마을에 너희를 위하여 구세주께서 태어나셨다. 그는 곧 그리스도 주님이시다. 포대기에 싸여 구유에 누워 있는 아기를 볼 것인데, 이것이 너희에게 주는 증거이다."

갑자기 그 천사와 함께 많은 하늘 군대가 나타나 하나님을 찬양하였습니다.

"높은 곳에서는 하나님께 영광, 땅에서는 하나님께서 기뻐하시는 사람들에게 평화."

천사들이 목자들에게서 떠나 하늘로 사라지자, 목자들이 서로 말했습니다.

"베들레헴으로 어서 가서 주께서 우리에게 알려 주신 일이 일어났는지 확인합시다."

이들은 서둘러 가서 마리아와 요셉, 그리고 구유에 누인 아기를 보았습니다. 목자들이 확인하고 이 아이에 대하여 자기들이 들은 것을 그들에게 이야기해 주었습니다. 목자들의 말을 듣고 사람들은 모두 놀랐습니다. 그러나 마리아는 이 모든 말을 마음속에 소중히 간직하였습니다. 목자들은 돌아가면서 천사들이 일러준 대로 자기들이 듣고 보았으므로 하나님께 영광을 돌리고 찬양을 드렸습니다.

예수님께서는 헤롯이 왕으로 있던 시대에 유대의 베들레헴이라는 마을에서 태어나셨습니다. 그때, 동쪽 나라에서 몇 명의 박사들이 예루살렘으로 왔습니다. 그들은 이렇게 물었습니다.

"유대인의 왕으로 태어나신 아기가 어디 계십니까? 우리는 동쪽에서 그 아기의 별을 보고, 아기에게 경배하러 왔습니다."

헤롯 왕은 이 소리를 듣고 깜짝 놀랐습니다. 예루살렘 사람들도 모두 놀랐습니다. 헤롯은 모든 대제사장들과 율법학자들을 불러 모으고, 그리스도가 어디에서 태어나실 것인지 물었습니다. 그들은 대답하였습니다.

"유대의 베들레헴이란 마을입니다. 예언자들이 이렇게 기록해 놓았습니다. '그러나 유대 지방에 있는 너 베들레헴아, 너는 유대의 통치자들 가운데서 결코 작지 않다. 네게서 한 통치자가 나올 것이다. 그가 나의 백성 이스라엘을 돌볼 것이다.'"

그 소리를 듣고 헤롯은 박사들을 조용히 불렀습니다. 그리고 별이 처음 나타난 때를 알아냈습니다. 그리고 박사들을 베들레헴으로 보내면서 말했습니다.

"가서 아기를 잘 찾아보시오. 아기를 찾으면 나에게도 알려 주시오. 그러면 나도 가서 그 아기에게 경배하겠소."

박사들은 왕의 말을 듣고 출발했습니다. 그러자 동쪽 나라에서 보았던 바로 그 별이 박사들 앞에 나타나 그들을 안내해 주었습니다. 그러다가 아기가 있는 곳 위에서 멈추어 섰습니다. 박사들은 별을 보자, 매우 기뻤습니다. 그들은 아기가 있는 집에 들어가서 어머니 마리아와 함께 있는 아기를 보았습니다. 그들은 아기에게 무릎을 꿇어 경배를 드리고 보물함을 열어 아기에게 황금과 유향과 몰약을 예물로 드렸습니다. 그리고서 그들은 꿈에 "헤롯에게 돌아가지 마라" 하는 명령을 받고, 다른 길로 자기 나라에 돌아갔습니다.

박사들이 떠난 뒤에 주의 천사가 요셉의 꿈에 나타나 말했습니다.

"일어나라! 아기와 아기 엄마를 데리고 이집트로 도망가거라. 헤롯이 아기를 죽이려고 하니, 내가 지시할 때까지 이집트에 머물러 있어라."

그래서 요셉은 한밤중에 일어나 아기와 아기 엄마를 데리고 이집트로 떠났습니다. 요셉은 헤롯이 죽을 때까지 이집트에 있었습니다. 이것은 주께서 예언자를 통하여 하신 말씀을 이루신 것입니다. "내가 나의 아들을 이집트에서 불러내었다."

헤롯은 박사들에게 속은 것을 알고 매우 화가 났습니다. 그래서 사람을 보내어 베들레헴과 그 주변에 있는 두 살 아래의 모든 사내아이들을 죽였습니다. 이것은 그가 박사들로부터 알아 낸 때를 기준으로 한 것입니다. 그래서 하나님께서 예언자 예레미야를 통해 말씀하신 것이 이루어졌습니다. "라마에서 소리가 들려 왔다. 슬피 울며 통곡하는 소리다. 라헬이 자기 아이들을 위해 우는데, 자식이 없으므로 위로받으려 하지 않는다."

헤롯이 죽자, 주의 천사가 이집트에 있는 요셉의 꿈 속에 나타났습니다.

"일어나라! 아기와 아기 엄마를 데리고 이스라엘 땅으로 돌아가거라. 아기의 목숨을 노리던 사람들이 죽었다."

그래서 요셉은 아기와 아기 엄마를 데리고 이스라엘 땅으로 갔습니다. 그러나 아켈라오가 아버지 헤롯의 뒤를 이어 유대의 왕이 되었다는 소식을 듣고, 요셉은 그 곳으로 가는 것을 두려워했습니다. 꿈에서 지시를 받고 나서 요셉은 갈릴리 지방으로 갔습니다. 그는 나사렛이라는 마을로 가서, 거기서 살았습니다. 그래서 예언자를 통해서 "그는 나사렛 사람이라 불릴 것이다"라고 말씀하신 것이 이루어졌습니다. (마태복음 1:18-24; 누가복음 2:1-20; 마태복음 2:1-23, 쉬운성경)

쑥쑥 자라나는 기도

평화의 왕으로 우리에게 예수님을 보내주신 하나님, 감사합니다.
낮고 낮은 베들레헴 마구간에서 태어나신 예수님을 기억합니다.
천사들이 알려준 기쁨의 소식을 듣고
목자들이 찬양하며 하나님께 영광을 돌린 것처럼
우리 가정도 예수님의 나심을 찬양합니다.
동방박사들이 예수님께 경배했던 것처럼
우리 아기와 함께 예수님을 기뻐하며
경배하는 마음으로 살게 하여 주소서.
우리를 위해 이 땅에 오신 예수님,
항상 우리와 함께 하시는 예수님을 믿고 의지하게 하소서.
예수님의 이름으로 기도합니다. 아멘.

아기를 태교 성경

하나님이 세상을 이처럼 사랑하사 독생자를 주셨으니
이는 그를 믿는 자마다 멸망하지 않고 영생을 얻게 하려 하심이라
하나님이 그 아들을 세상에 보내신 것은 세상을 심판하려 하심이 아니요
그로 말미암아 세상이 구원을 받게 하려 하심이라

요한복음 3장 16, 17절

신약 2 예수님이 자랐어요

말씀을 듣기 전에

아가야, 엄마의 배 속에 네가 자라고 있다는 사실을 알았을 때,
엄마는 이런 기도를 했단다.
"하나님, 우리 아기가 키와 몸과 사랑과 지혜가
골고루 잘 자라게 해 주세요"라고 말이야.
이 기도는 누가복음 2장 52절에 있는 말씀이란다.
예수님께서 이 땅에 오셔서 자라나실 때의 모습이야.
예수님은 하나님께도, 사람들에게도 많은 사랑을 받았단다.
오늘 말씀에는 어린 예수님을 축복한 사람들이 등장한단다.
그들의 축복은 예수님이 왜 이 땅에 오셨는지를
잘 알게 해 주는 것이었지.
예수님을 축복하고 기도했던 시므온와 안나처럼
너를 위해 기도하는 많은 사람들이 있다는 사실을 꼭 기억하렴.
이제, 말씀을 들어보자.

처음 듣는 하나님의 말씀

태어난 지 팔 일째 되는 날에 아기는 할례를 받았고, 그 이름을 예수라고 하였습니다. 이 이름은 아기를 잉태하기 전에 천사가 일러 준 것이었습니다. 모세의 율법에 따라 정결 예식을 치르는 때가 되었습니다. 마리아와 요셉은 예수님을 하나님께 드리려고 예루살렘으로 데리고 올라갔습니다. 이것은 주님의 율법에 다음과 같이 기록되어 있기 때문입니다. "첫 번째 태어나는 모든 남자 아이는 하나님께 거룩한 자로 불릴 것이다." 또 마리아와 요셉은 비둘기 두 마리나 어린 집비둘기 두 마리를 드려야 한다고 기록된, 하나님의 율법에 따라 희생 제물을 바치려고 예루살렘에 올라간 것입니다.

예루살렘에 시므온이라는 한 사람이 있었습니다. 이 사람은 의롭고 경건한 사람으로서, 하나님께서 이스라엘을 위로하실 때를 기다리고 있었습니다. 성령께서 이 사람과 함께하셨습니다. 성령께서 시므온에게 주 그리스도를 보기 전에는 결코 죽지 않을 것이라는 계시를 주셨습니다. 시므온은 성령으로 충만해져서 성전으로 왔습니다. 마침 마리아와 요셉이 율법의 규정대로 행하기 위해 어린 예수님을 성전으로 데리고 왔습니다. 시므온이 아이를 팔에 안고 하나님께 찬양하였습니다.

"주님, 이제 주님의 종을 주님의 말씀대로 평화롭게 떠날 수 있게 하셨습니다. 제 눈으로 주님의 구원하심을 보았습니다. 주님께서 이 구원을 모든 백성들 앞에 마련해 주셨습니다. 이는 이방 사람들에게는 계시의 빛이며, 주님의 백성 이스라엘에게는 영광입니다."

예수님의 아버지와 어머니는 시므온이 예수님에 대하여 말하는 것을 듣고 매우 놀랐습니다. 시므온은 그들을 축복하고, 아이의 어머니 마리아에게 말했습니다.

"이 아이는 이스라엘의 많은 사람들을 넘어지게도 하고 일어서게도 할 것입니다. 또한 사람들의 비난을 받는 표적이 될 것입니다. 이 일 때문에 많은 사람들의 마음에 있는 생각이 드러날 것입니다. 그러나 당신의 마음은 칼로 쪼개듯이 아플 것입니다."

또 여자 예언자가 있었습니다. 이 사람은 아셀 지파의 바누엘의 딸인 안나였습니다. 그녀는 나이가 많았습니다. 결혼하고 칠 년 동안을 남편과 살았는데, 그 후로 과부가 되어 팔십사 세가 되었습니다. 그 동안, 한 번도 성전을 떠나지 않고 밤낮으로 금식과 기도를 하여 하나님을 섬겼습니다. 바로 그때, 그녀가 와서 하나님께 감사를 드리고, 예루살렘의 구원을 기다리는 사람들에게 이 아이에 대해 이야기하였습니다.

아이는 주님의 율법에 따라 모든 일을 다 마치고 갈릴리에 있는 고향 나사렛으로 돌아왔습니다. 아이는 점점 자라고 튼튼해졌으며 지혜도 많아졌습니다. 하나님의 은혜가 아이와 함께하였습니다.

해마다 유월절이 되면, 예수님의 부모는 예루살렘으로 올라갔습니다. 예수님이 열두 살이 되었을 때에도 유월절 관습을 따라 예루살렘으로 올라갔습니다. 유월절이 끝나고 집으로 돌아오는데 소년 예수님은 예루살렘에 남아 있었습니다. 하지만 부모들은 이 사실을 몰랐습니다. 단지 그들은 예수님이 일행들 속에 있을 것으로만 생각하고 있었습니다. 그렇게 하루 정도 길을 간 후, 요셉과 마리아는 예수님을 친척들과 친지들 가운데서 찾기 시작했습니다. 그러나 예수님을 발견하지 못하자 예수님을 찾으러 다시 예루살렘으로 되돌아갔습니다.

삼 일 뒤에 그들은 성전에서 예수님을 발견하였습니다. 예수님은 성전에서 율법학자들 사이에 앉아서 듣기도 하고, 묻기도 하면서 계셨습니다. 그의 이야기를 듣는 모든 사람들이 예수님의 슬기와 대답에 놀라워했습니다. 예수님의 부모도 그를 보고는 매우 놀랐습니다. 어머니가 말했습니다.

"아들아, 왜 이렇게 하였느냐? 네 아버지와 내가 걱정하며 너를 찾아다녔다."

그때, 예수님께서 대답했습니다.

"왜 저를 찾으셨습니까? 제가 아버지 집에 있어야 할 것을 모르셨습니까?"

그러나 그들은 예수님이 하신 말씀을 이해하지 못했습니다. 예수님은 부모와 함께 나사렛으로 내려갔습니다. 그리고 부모에게 순종하였습니다. 마리아는 이 모든 일들을 마음속에 간직해 두었습니다. 예수님은 지혜와 키가 더욱 자랐고, 하나님과 사람들로부터 사랑을 받았습니다.

(누가복음 2:21-52, 쉬운성경)

211

쑥쑥 자라나는 기도

지혜가 자라도록 도우시고 키가 자라도록 도우시는 하나님,
우리 아기가 예수님의 어린 시절을 기억하며 닮아가기를 소망합니다.
성전에 거하기를 기뻐했던 예수님처럼,
하나님 말씀을 사랑했던 예수님처럼,
하나님의 은혜가 늘 함께했던 예수님처럼,
예수님을 닮은 사람으로 자라게 하여 주소서.
어디를 가든지 의롭고 경건한 사람을 만나게 하시고,
하나님을 사랑하고 섬기는 사람을 만나게 하소서.
무엇보다 아기와 우리 가정이 의롭고 경건하게,
하나님을 사랑하고 섬기며 살아가게 하소서.
예수님의 이름으로 기도합니다. 아멘.

너의 하나님 여호와가 너의 가운데에 계시니
그는 구원을 베푸실 전능자이시라
그가 너로 말미암아 기쁨을 이기지 못하시며 너를 잠잠히 사랑하시며
너로 말미암아 즐거이 부르며 기뻐하시리라 하리라

스바냐 3장 17절

신약 3 　결혼식에 가신 예수님

말씀을 듣기 전에

아가야, 하나님과 많은 사람 앞에서
엄마와 아빠가 사랑을 약속하며
우리 가정이 처음 시작되던 날이 있었어.
바로 엄마, 아빠의 결혼식이야.
이날은 많은 손님들이 오셔서 엄마, 아빠를 축복하고
맛있는 음식도 먹으면서 즐겁고 행복한 시간을 보냈단다.
지금 생각해도 행복한 기억이 떠오르는구나!
그런데 예수님도 결혼 잔치에 초대를 받으신 적이 있었어.
이 결혼 잔치에서 예수님이 어떤 분이신지를
사람들에게 알려주는 아주 특별한 사건이 일어났단다.
예수님의 이야기를 잘 들어보렴.

처음 듣는 하나님의 말씀

삼 일째 되던 날에 갈릴리에 있는 가나라는 마을에서 결혼식이 열렸습니다. 예수님의 어머니도 결혼식에 참석하였고, 예수님과 그분의 제자들도 결혼식에 초대받았습니다. 포도주가 바닥났을 때, 예수님의 어머니가 예수님께 "이 집의 포도주가 다 떨어졌구나"라고 말해 주었습니다. 예수님께서는 "어머니, 왜 저에게 이런 부탁을 하십니까? 저의 때가 아직 오지 않았습니다"라고 대답하셨습니다. 예수님의 어머니는 하인들에게 "그분이 시키시는 일은 무엇이든지 하여라" 하고 말해 두었습니다.

그 집에는 돌로 만든 물 항아리가 여섯 개 있었습니다. 이 항아리는 유대인들이 정결 예식에 사용하는 항아리들이었습니다. 그것은 각각 물 두세 동이를 담을 수 있는 항아리였습니다. 예수님께서 하인들에게 "항아리에 물을 채워라" 하고 말씀하셨습니다. 하인들은 항아리에 물을 가득 채웠습니다. 그러자 예수님께서는 그들에게 "자, 이제 그것을 퍼다가 잔치를 주관하는 사람에게 갖다 주어라" 하고 말씀하셨습니다. 하인들은 물을 떠서 잔치를 주관하는 사람에게 갖다 주었습니다.

하인이 떠다 준 물을 잔치를 주관하는 사람이 맛보았을 때, 그 물은 포도주가 되어 있었습니다. 그는 그 포도주가 어디서 난 것인지 알지 못하였지만, 물을 가져온 하인들은 알고 있었습니다. 잔치를 주관하는 사람은 신랑을 불렀습니다. 그리고 그에게 "사람들은 항상 처음에 좋은 포도주를 내놓고, 손님들이 취한 다음에는 값싼 포도주를 내놓는 법인데, 당신은 지금까지 가장 좋은 포도주를 보관하고 계셨군요" 하고 말하였습니다.

예수님께서는 이 첫 번째 표적을 갈릴리 가나에서 행하셨으며, 거기서 그의 영광을 보여 주셨습니다. 그러자 그의 제자들이 그를 믿게 되었습니다. 이 일이 있은 후, 예수님께서는 그의 어머니와 형제들과 제자들과 함께 가버나움이라는 마을로 가서 며칠 동안, 머무르셨습니다. (요한복음 2:1-12, 쉬운성경)

쑥쑥 자라나는 기도

우리의 부족함을 채우시는 하나님!
가나의 결혼 잔치에 간절히 필요했던 포도주를 채워 주신 것처럼
우리 가정과 우리 아기의 필요를 채워 주심을 믿고 감사드립니다.
우리 아기가 능력의 예수님을 믿고 의지하며 살아가게 하소서.
건강도, 지혜도, 하나님을 사랑하는 마음도
가득가득 채워지게 하시고, 예수님으로 인해
이 세상이 줄 수 없는 평안함을 누리게 하옵소서.
예수님의 이름으로 기도합니다. 아멘.

신약4 아픈 사람을 고쳐 주시는 예수님

말씀을 듣기 전에

아가야, 우리 주위에는 아픈 사람들이 많이 있단다.

마음이 아픈 사람도, 몸이 아픈 사람도 많이 있지.

엄마는 네가 아프지 않기를 바라지만

언젠가 아픔을 경험하게 되어도 하나님을 찾는 사람이기를 축복해.

오늘 말씀에서는 예수님이 만난 아픈 사람들이 많이 나온단다.

그 사람들은 저마다의 아픔을 가지고 예수님을 찾아왔지.

아픈 사람들의 간절한 부탁을 들으며

예수님이 그들에게 무슨 말씀을 하셨는지

어떻게 해주셨는지 들어보렴.

처음 듣는 하나님의 말씀

예수님이 어떤 동네에 계실 때, 온몸에 문둥병이 걸린 사람이 있었습니다. 그가 예수님을 보고 머리를 숙여 간청하였습니다.

"주님이 원하시면 저를 깨끗하게 하실 수 있습니다."

예수님께서 손을 내밀고 그에게 대시며 말씀하셨습니다.

"내가 원한다. 깨끗하게 되어라."

그 즉시 문둥병이 그에게서 사라졌습니다. 예수님께서는 이 일을 아무에게도 말하지 말라고 이르셨습니다. 그리고 "가서 제사장에게 네 몸을 보여라. 또 모세가 명령한 대로 네가 깨끗하게 된 예물을 드려라. 그래서 사람들에게 증거를 삼아라"고 말씀하셨습니다. 그런데도 예수님에 관한 소문은 더욱더 멀리 퍼져 나갔습니다. 많은 사람들이 예수님의 말씀을 듣고 병을 고치기 위해 모여들었습니다. 그러나 예수님께서는 홀로 광야로 가셔서 기도하셨습니다.

예수님께서 가버나움이라는 마을에 들어가셨을 때, 한 백부장이 예수님께 와서 도움을 청했습니다. 백부장이 말했습니다.

"주님, 제 종이 집에 중풍으로 누워 있는데, 매우 고통을 받고 있습니다."

예수님께서 말씀하셨습니다.

"내가 가서 고쳐 주겠다."

백부장이 대답했습니다.

"주님, 저는 주님을 집에 모실 만한 자격이 없습니다. 그저 말씀만 해 주십시오. 그러면 제 종이 나을 것입니다. 제 자신도 다른 사람의 부하 이고, 제 밑에도 부하들이 있습니다. 제가 부하에게 '가거라' 하면 그가 가고, '오너라' 하면 그가 옵니다. 그리고 부하에게 '이것을 하라' 하면 그것을 합니다."

예수님께서 이 말을 들으시고 놀라시며, 따라오던 사람들에게 말씀 하셨습니다.

"내가 진정으로 말한다. 나는 지금까지 이스라엘에서 이같이 큰 믿 음을 가진 사람을 본 적이 없다. 내가 너희에게 말한다. 많은 사람들이 동쪽과 서쪽에서 와서, 하늘 나라에서 아브라함, 이삭 그리고 야곱과 함 께 앉아서 먹을 것이다. 그러나 이 나라의 아들들은 바깥 어두운 곳에 던져져, 그 곳에서 슬피 울며 고통스럽게 이를 갈 것이다."

예수님께서 백부장에게 말씀하셨습니다.

"가거라. 네가 믿은 대로, 네게 이루어질 것이다."

그러자 백부장의 종이 그 순간에 치료되었습니다.

예수님께서 베드로의 집에 가셨을 때, 베드로의 장모가 열이 높아서 누워 있는 것을 보셨습니다. 예수님께서 그 여자의 손을 만지시니, 열이 사라졌습니다. 그 여자가 일어나 예수님을 대접했습니다.

저녁이 되자, 사람들이 예수님께 귀신들린 사람들을 많이 데리고 왔습니다. 예수님께서 말씀으로 귀신을 쫓아내시고, 모든 병자들을 고쳐 주셨습니다. 이것은 예언자 이사야가 말한 것을 이루려고 하신 것입니다. "그는 우리의 연약함을 짊어지셨고 우리의 질병을 떠맡으셨다."

주위에 모여든 사람들을 보시고, 예수님께서 제자들에게 호수 건너편으로 가자고 말씀하셨습니다.

예수님과 제자들은 갈릴리 건너편 거라사 사람들의 마을에 닿았습니다. 예수님께서 배에서 내리시니 그 마을에 사는 귀신들린 사람이 예수님께 다가왔습니다. 그는 오랫동안, 아무 옷도 입지 않았으며 집에서 살지도 않고 무덤에서 살고 있었습니다. 그는 예수님을 보고 소리를 지르며, 예수님 앞에 엎드렸습니다. 그리고 큰 소리로 말했습니다.

"가장 높으신 하나님의 아들이신 예수님, 당신이 저와 무슨 상관이 있습니까? 제발 저를 괴롭히지 마십시오."

이는 예수님께서 더러운 영에게 그 사람에게서 떠나라고 명령하셨기 때문입니다. 더러운 귀신이 그 사람을 여러 번 사로잡았기 때문에 사람들은 쇠사슬과 쇠고랑으로 그를 묶어 감시하였습니다. 그러나 그는 쇠사슬을 끊고 귀신이 이끄는 대로 광야로 뛰쳐나가곤 하였습니다. 예수님께서 그에게 물으셨습니다.

"네 이름이 무엇이냐?"

그러자 그가 대답했습니다.

"레기온입니다."

이는 많은 귀신이 그에게 들어갔기 때문입니다. 귀신들은 예수님께 자신들을 지옥으로 쫓아 내지 말아 달라고 간청하였습니다.

그때, 언덕에는 많은 돼지 떼가 풀을 먹고 있었습니다. 귀신들은 예수님께 자기들을 그 돼지 떼에게 들어가게 해 달라고 간청하였습니다. 예수님께서 그렇게 허락하셨습니다. 그러자 귀신들은 그 사람에게서 나와 돼지 떼 속으로 들어갔습니다. 순간 그 돼지들은 비탈을 내리달아 호수로 들어가 빠져 죽었습니다. 돼지를 치던 사람들이, 일어난 일을 보고 도망쳐 이 사실을 성과 마을 사람들에게 전하였습니다. 사람들이 일어난 일을 보려고 예수님께 다가갔습니다. 그리고 귀신이 나간 사람이 옷을 입고 제정신으로 예수님 발 앞에 앉아 있는 것을 보았습니다. 그들은 두려운 생각이 들었습니다.

이 일을 목격한 사람들이 귀신들린 사람이 어떻게 온전하게 되었는지를 사람들에게 말해 주었습니다. 거라사와 그 주변에 사는 모든 사람들이, 예수님께서 자기들로부터 떠나 줄 것을 간청했습니다. 이는 그들이 무서움에 사로잡혔기 때문이었습니다. 그래서 예수님께서 배를 타고 돌아가셨습니다. 귀신이 나간 사람이 예수님을 따를 수 있게 해 달라고 예수님께 간청하였습니다. 그러나 예수님께서 그를 돌려 보내며 말씀하셨습니다.

"집으로 돌아가서 하나님께서 너에게 하신 일에 대해 사람들에게 말해라."

그래서 그는 모든 마을을 다니며 예수님께서 자기에게 얼마나 큰 일을 행하셨는지에 대해 전하였습니다.

예수님께서 돌아오시자, 많은 사람들이 예수님을 환영하였습니다. 이들은 예수님을 기다리고 있었습니다.

야이로라는 사람이 앞으로 나왔습니다. 그는 회당장이었습니다. 그가 예수님의 발 앞에 엎드려, 자기 집으로 와 주실 것을 간청하였습니다. 야이로에게는 열두 살 된 외동딸이 있었는데, 그가 죽어 가고 있었습니다. 예수님께서 야이로의 집으로 가시는데, 많은 사람들이 예수님께 바짝 붙어서 밀어댔습니다.

그중에는 십이 년 동안이나 혈루증을 앓고 있던 여자가 있었습니다. 의사에게 많은 돈을 썼지만 그 누구도 그 병을 고칠 수가 없었습니다. 그가 예수님 뒤로 와서 옷깃을 만졌습니다. 그러자 즉시 피가 그쳤습니다. 예수님께서 말씀하셨습니다.

"누가 나를 만졌느냐?"

사람들은 모두 만지지 않았다고 말하였습니다. 베드로가 말했습니다.

"선생님, 많은 사람들이 에워싸면서 밀어대고 있습니다."

예수님께서 말씀하셨습니다.

"누군가 나를 분명히 만졌다. 내게서 능력이 나간 것을 안다."

숨길 수 없다는 것을 안 그 여자는 떨며 나아와 예수님 앞에 엎드렸습니다. 그리고 사람들 앞에서 왜 자기가 예수님을 만졌는지, 또 어떻게 즉시 병이 나았는지를 말씀드렸습니다. 예수님께서 그에게 말씀하셨습니다.

"딸아, 네 믿음이 너를 구원하였다. 평안히 가거라."

예수님의 말씀이 끝나기도 전에, 회당장의 집에서 온 어떤 사람이 회당장에게 말했습니다.

"따님이 죽었습니다. 그러니 선생님을 더 이상 괴롭히지 마십시오."

예수님께서 이 말을 들으시고 대답하셨습니다.

"두려워하지 말고 믿기만 하여라. 그러면 살게 될 것이다."

그 집에 이르러, 예수님께서는 베드로와 요한과 야고보, 그리고 소녀의 아버지와 어머니 외에는 아무도 함께 들어가지 못하게 하셨습니다. 사람들이 소녀를 위해 슬피 울고 있었습니다. 예수님께서 "울음을 그쳐라. 그는 죽은 것이 아니라 자고 있다"라고 말씀하셨습니다. 그러자 사람들은 예수님을 비웃었습니다. 그것은 소녀가 죽었다는 것을 알고 있었기 때문입니다. 예수님께서 소녀의 손을 잡고 불렀습니다.

"아이야, 일어나라!"

그러자 영혼이 돌아와서 소녀는 즉시 일어났습니다. 예수님께서 그에게 먹을 것을 주라고 명하셨습니다. 그 소녀의 부모들은 놀랐습니다. 그런데 예수님께서는 일어난 일을 아무에게도 말하지 말라고 지시하셨습니다. (누가복음 5:12-16; 마태복음 8:5-18; 누가복음 8:26-56, 쉬운성경)

쑥쑥 자라나는 기도

우리의 몸과 마음을 깨끗이 치유하시는 하나님,
아픈 사람들을 사랑하시고 고쳐주시는 예수님을
우리에게 보내주셔서 감사합니다.
말씀을 읽는 동안, 아프고 연약한 중에도
예수님을 믿는 믿음이 있기를 원하시는
예수님의 마음을 알게 하시니 감사합니다.

우리 아기가 이 땅에서 아프고 어려운 일을 경험하게 될 때에
꼭 찾아와 주시고 손잡아 주시길 기도합니다.
이 땅을 살아갈 때 질병이 주는 어려움 때문에
믿음이 흔들리지 않기를 간절히 소망합니다.
우리의 치료자이신 예수님의 이름으로 기도합니다. 아멘.

신약 5 산 위에서 들려주신 말씀

말씀을 듣기 전에

아가야, 엄마는 네가 좋은 친구, 좋은 공동체,
무엇보다 좋은 선생님을 만나길 기도한단다.
오늘 말씀은 가장 좋은 선생님이신 예수님께서
산 위에 둘러앉은 제자들에게 하신 말씀이야.
과연 예수님께서는 제자들에게 어떤 가르침을 주셨을까?
말씀을 잘 듣고, 네가 이 땅에서 어떻게 살아가야 하는지 발견한다면
너 또한 예수님을 너의 좋은 선생님으로 모시는 거란다.
예수님의 제자가 되는 거야.
엄마는 우리 가족 모두가 예수님의 제자로 살기를 간절히 원해.
이 땅에서 하나님의 사람, 예수님의 제자로
빛과 소금이 되어 살아가기를 축복해.

처음 듣는 하나님의 말씀

예수님께서 사람들을 보시고 산으로 올라가 앉으셨습니다. 그러자 제자들이 예수님께 다가왔습니다. 예수님께서 입을 열어 사람들을 가르치셨습니다.

"마음이 가난한 사람은 복이 있다. 하늘 나라가 그들의 것이다. 슬퍼하는 사람은 복이 있다. 그들이 위로를 받을 것이다. 마음이 온유한 사람은 복이 있다. 그들이 땅을 상속받을 것이다. 의를 위해 주리고 목마른 사람은 복이 있다. 그들이 배부를 것이다. 자비로운 사람은 복이 있다. 그들이 하나님의 자비를 입을 것이다. 마음을 깨끗이 한 사람은 복이 있다. 그들이 하나님을 볼 것이다. 평화를 위해 일하는 사람은 복이 있다. 그들이 하나님의 아들이라고 불릴 것이다. 의롭게 살려고 하다가, 박해를 받는 사람은 복이 있다. 하늘 나라가 그들의 것이다. 사람들이 나 때문에 너희를 모욕하고 박해하고 온갖 나쁜 말을 할 때, 너희에게 복이 있다. 기뻐하고 즐거워하여라. 하늘에서 너희의 상이 크다. 너희보다 먼저 살았던 예언자들도 이처럼 박해를 받았다."

"너희는 세상의 소금이다. 만일 소금이 그 맛을 잃으면, 무엇으로 짠맛을 내겠느냐? 맛을 잃은 소금은 아무 쓸모가 없게 되어 밖에 버려져 사람들에게 밟힐 뿐이다. 너희는 세상의 빛이다. 산 위에 있는 도시는 숨겨질 수 없다. 등불을 됫박 안에 두지 않고 등잔대 위에 놓는다. 그래야 등불이 그 집에 있는 모든 사람에게 빛을 비추게 될 것이다. 이와 같이 너희 빛을 사람들에게 비춰라. 그래서 사람들이 너희의 선한 행동을 보고 하늘에 계신 너희 아버지께 영광을 돌리게 하여라."

"너희는 '네 이웃을 사랑하고 원수를 미워하라'고 말하는 것을 들었다. 그러나 나는 너희에게 말한다. 너희의 원수를 사랑하여라. 너희를 박해하는 사람들을 위해 기도하여라. 그러면 너희가 하늘에 계신 아버지의 아들이 될 것이다. 너희 아버지는 악한 사람이나 선한 사람 모두에게 햇빛을 비추시고, 의인과 죄인에게 비를 내려주신다. 만일 너희를 사랑하는 사람만 사랑한다면, 무슨 상을 받을 수 있겠느냐? 심지어 세리도 그만큼은 하지 않느냐? 만일 너희 형제들에게만 인사한다면, 다른 사람들보다 너희가 더 나을 것이 무엇이냐? 심지어 이방 사람들도 그만큼은 하지 않느냐? 그러므로 하늘에 계신 너희 아버지가 완전하신 것처럼 너희도 완전하도록 하여라."

"너희를 위하여 세상에 재물을 쌓아 두지 마라. 땅에서는 좀이 먹거나 녹슬어 못 쓰게 되고 도둑이 와서 훔쳐 갈 것이다. 그러므로 너희의 재물을 하늘에 쌓아 두어라. 하늘에서는 좀이 먹거나 녹슬지 않으며 도둑이 들어와 훔쳐 가지도 못할 것이다. 네 재물이 있는 곳에 네 마음도 있다. 아무도 두 주인을 섬기지 못한다. 한쪽을 미워하고 다른 쪽을 사랑하든지, 한쪽을 귀중히 여기고 다른 쪽을 업신여길 것이다. 너희는 하나님과 재물을 같이 섬길 수 없다.”

“그러므로 내가 너희에게 말한다. 너희 목숨을 위하여 무엇을 먹을까, 또는 무엇을 마실까 걱정하지 마라. 몸을 위하여 무엇을 입을까 걱정하지 마라. 목숨이 음식보다 훨씬 소중하지 않느냐? 몸이 옷보다 훨씬 소중하지 않느냐? 하늘에 있는 새를 보아라. 새는 심지도 않고, 거두지도 않고, 창고에 쌓아 두지도 않는다. 그러나 하늘에 계신 너희 아버지께서 새들을 먹이신다. 너희는 새보다 훨씬 더 귀하지 않느냐? 너희 중에 누가 걱정해서 자기의 수명을 조금이라도 연장할 수 있느냐? 너희는 왜 옷에 대해 걱정하느냐? 들에 피는 백합꽃이 어떻게 자라는가 생각해 보아라. 백합은 수고도 하지 않고, 옷감을 짜지도 않는다. 그러나 내가 너희에게 말한다. 온갖 영화를 누린 솔로몬도 이 꽃 하나에 견줄 만큼 아름다운 옷을 입어 보지 못하였다. 하나님께서 오늘 있다가 내일이면 불 속에 던져질 들풀도 이렇게 입히시는데, 너희를 더 소중하게 입히시지 않겠느냐? 믿음이 적은 사람들아! 그러므로 ‘무엇을 먹을까?’, ‘무엇을 마실까?’, 혹은 ‘무엇을 입을까?’ 하면서 걱정하지 마라. 이런 걱정은 이방 사람들이나 하는 것이다. 하늘에 계신 너희 아버지께서는 너희에게 이 모든 것이 필요한 줄을 아신다. 먼저 아버지의 나라와 아버지의 의를 구하여라. 그러면 이 모든 것들이 너희에게 덤으로 주어질 것이다. 그러므로 내일 일을 걱정하지 마라. 내일 일은 내일 걱정할 것이고, 오늘의 고통은 오늘로 충분하다.”

"구하라, 그러면 너희에게 주실 것이다. 찾아라, 그러면 발견할 것이다. 두드려라, 그러면 문이 너희에게 열릴 것이다. 구하는 사람은 누구든지 받을 것이다. 찾는 사람은 찾을 것이다. 그리고 두드리는 사람에게는 문이 열릴 것이다. 아들이 빵을 달라고 하는데, 너희 중에서 누가 돌을 주겠느냐? 아들이 생선을 달라고 하는데, 누가 뱀을 주겠느냐? 비록 너희가 나쁜 사람이라 할지라도, 자녀에게 좋은 것을 주려고 하는데, 하물며 하늘에 계신 너희 아버지께서 구하는 사람에게 좋은 것을 주시지 않겠느냐?"

"내 말을 듣고, 그대로 행하는 사람은 바위 위에 집을 지은 지혜로운 사람과 같다. 비가 내리고, 홍수가 나고, 바람이 불어 그 집에 몰아쳐도 그 집은 무너지지 않았다. 왜냐하면 그 집은 바위 위에 지어졌기 때문이다. 내 말을 듣고도 행하지 않는 사람은 모래 위에 집을 세운 어리석은 사람과 같다. 비가 내리고, 홍수가 나고, 바람이 불어 그 집에 몰아쳤을 때, 그 집은 쉽게 무너졌는데, 그 무너진 정도가 심하였다."

예수님께서 이 모든 말씀을 마치셨습니다. 사람들은 예수님의 가르침에 놀랐습니다. 그것은 율법학자들과는 달리 예수님께서 권위를 지닌 분처럼 가르치셨기 때문입니다. (마태복음 5:1-16, 43-48; 6:19-21, 24-34; 7:7-11, 24-29, 쉬운성경)

쑥쑥 자라나는 기도

율법의 완성이신 사랑의 예수 그리스도, 주님을 찬양합니다.
어떻게 살아야 하는지, 어디로 가야 하는지 알지 못하는 우리에게
나침반과 같은 가르침으로 인도해 주시니 감사합니다.
하나님, 우리 아기가 예수님을 최고의 선생님으로 맞이하게 하소서.
말씀가운데 참 진리이신 예수님을 만나게 하소서.
세상의 빛과 소금이 되어, 선한 영향력을 끼치는
그리스도인으로 살아가게 하소서.
하나님이 보시기에 올바른 판단과 선택을 하게 해 주시고
어려운 이웃을 돌보는 따뜻한 마음도 허락해 주소서.
무엇보다 말씀대로 듣고 행하는 사람이 되게 해주소서.
우리 가정과 아기에게 최고의 선생님이 되시는
예수님의 이름으로 기도합니다. 아멘.

신약 6 좋은 목자 예수님

아가야, 푸른 초원에서 풀을 뜯고 있는 양들은
참 예쁘고 귀엽지만, 눈이 나빠서 잘 넘어진대.
넘어지면 잘 일어나지도 못하고 방향감각을 잃어버리는 경우도 많다고 해.
또 성격이 온순한 양도 있지만, 제멋대로 이기적인 양도 많이 있지.
그래서 양은 반드시 목자의 보살핌을 받아야 한단다.
그런데 이런 양의 어리석은 모습이 우리에게도 있어.
부모님 말씀, 하나님 말씀을 듣지 않고 맘대로 할 때가 있거든.
하지만 우리가 참 목자이신 예수님을 잘 따라간다면
안전하고 평화롭게 살아갈 수 있단다.
예수님은 좋은 목자, 우리는 예수님의 어린 양이라는 것을 기억하며
오늘 말씀을 잘 들어보렴.

처음 듣는 하나님의 말씀

"내가 너희에게 진리를 말한다. 양 우리에 문으로 들어가지 않고 다른 곳으로 넘어가는 사람은 도둑이며 강도다. 문으로 들어가는 사람이 양의 목자다. 문을 지키는 사람은 목자를 위해 문을 열어 준다. 양들은 목자의 음성을 듣고, 목자는 양들의 이름을 부르며 그들을 밖으로 인도한다. 목자가 자기 양을 모두 밖으로 이끌어 낸 후, 양들 앞에서 걸어가면, 양들은 목자의 음성을 알기 때문에 그의 뒤를 따른다. 하지만 양들은 낯선 사람을 절대로 따라가지 않는다. 양들은 낯선 사람의 음성을 알지 못하기 때문에 그 사람에게서 멀리 도망간다."

예수님께서는 이 비유를 들어 사람들에게 말씀하셨습니다. 그러나 사람들은 그분이 자기들에게 하시는 말씀이 무슨 뜻인지 깨닫지 못했습니다. 예수님께서 다시 말씀하셨습니다.

"내가 너희에게 진리를 말한다. 나는 양들의 문이다. 나보다 앞에 온 사람들은 다 도둑이며, 강도들이다. 양들은 그 사람들의 말을 듣지 않는다. 나는 문이다. 나를 통해 들어가는 사람은 구원을 얻을 것이다. 그 사람은 들어가기도 하고 나가기도 하며, 또 좋은 목초를 발견하기도 할 것이다. 도둑은 훔치고, 죽이고, 파괴하기 위한 목적으로 온다. 그러나 나는 양들이 생명을 더욱 풍성히 얻게 하기 위해 왔다."

"나는 선한 목자다. 선한 목자는 양을 위하여 자기 목숨을 내놓는다.

품삯을 받고 양을 돌보는 사람은 사실 목자가 아니며, 양도 자기 양이 아니다. 그 사람은 늑대가 오는 것을 보면, 양만 남겨 두고 멀리 도망가 버린다. 그러면 늑대는 양을 공격하여 양들을 흩트린다. 그 사람은 단지 품삯을 받고 양을 치는 사람이기 때문에 그 양을 돌보지 않는다."

"나는 선한 목자다. 나도 내 양을 알고, 내 양도 나를 알아본다. 아버지께서 나를 아시듯이 나도 아버지를 안다. 그리고 나는 양을 위하여 목숨을 내놓는다. 내게는 이 우리 안에 있지 않은 다른 양들도 있다. 나는 그 양들도 인도해야 한다. 그 양들도 내 음성을 들을 것이다. 그래서 한 목자 아래서 한 무리가 될 것이다. 아버지께서 나를 사랑하시는 것은 내가 나의 목숨을 스스로 버리기 때문이다. 나는 목숨을 다시 얻기 위하여 목숨을 버린다. 아무도 내게서 목숨을 빼앗을 사람이 없고, 다만 내 스스로 생명을 내놓는 것이다. 나는 목숨을 내놓을 권세도 있고, 그것을 다시 찾을 권세도 있다. 나는 이 계명을 내 아버지에게서 받았다." (요한복음 10:1-18, 쉬운성경)

쑥쑥 자라나는 기도

목숨까지 버리시며 우리를 지켜주시는
선한 목자 예수님, 감사합니다.
선한 목자 예수님을 의지할 때
우리 아기가 안전하게 살아갈 수 있음을 믿습니다.
예수님이 열어주시는 구원의 문으로 들어가 좋은 목초를 발견하고,
예수님이 먹이시는 맛있는 말씀을 잘 먹고 자라나게 하소서.
선한 목자이신 예수님의 울타리 안에서
평화롭고 안전하게 살아가는 사람이 되게 하소서.
무엇보다 예수님을 통해 영원한 생명을 얻었음에 감사하며
이 귀한 생명을 세상 사람들에게 나눠주고 전하는
우리 아기가 되게 하소서.
선한 목자이신 예수님의 이름으로 기도합니다. 아멘.

신약 7 진정한 이웃은?

말씀을 듣기 전에

아가야, 얼마 전에 읽어주었던 하나님의 열 가지 계명을 기억하니?
예수님께서는 이 십계명을 두 가지로 쉽게 말씀해주셨단다.
'하나님을 사랑하고, 네 이웃을 사랑하라'고 말이야.
네가 이 세상에 태어나면 많은 이웃을 만나게 될 거란다.
사람들은 누구나 좋은 이웃을 만나기를 원해.
그런데 하나님은 우리가 먼저
다른 사람의 좋은 이웃이 되라고 말씀하신단다.
어떻게 하면 하나님께서 기뻐하시는 좋은 이웃이 될 수 있을까?
오늘 말씀을 잘 들어보렴.
어떤 이웃이 좋은 이웃인지 예수님께서 알려주셨단다.

처음 듣는 하나님의 말씀

어떤 율법학자가 일어나 예수님을 시험하려고 말했습니다.

"선생님, 제가 무엇을 하여야 영생을 얻을 수 있습니까?"

예수님께서 그에게 물으셨습니다.

"율법에 무엇이라고 기록되어 있느냐? 너는 어떻게 읽었느냐?"

율법학자가 대답하였습니다.

"'네 모든 마음과 모든 목숨과 모든 힘과 모든 뜻을 다해 주 네 하나님을 사랑하라'고 하였고, 또한 '네 이웃을 네 몸같이 사랑하라'고 하였습니다."

예수님께서 그에게 말씀하셨습니다.

"네 대답이 옳다. 이것을 행하여라. 그러면 살 것이다."

이 사람이 자기를 옳게 보이고 싶어서, 예수님께 말했습니다.

"그러면 누가 제 이웃입니까?"

예수님께서 대답하셨습니다.

"어떤 사람이 예루살렘에서 여리고로 내려가고 있었다. 그런데 도중에 강도를 만났다. 강도들은 이 사람의 옷을 벗기고 때려서 거의 죽은 채로 버려 두고 갔다. 마침 한 제사장이 그 길을 내려가다가 그 사람을 보고는 길 반대편으로 피해서 지나갔다. 어떤 레위인도 그곳에 와서 그 사람을 보고는 길 반대편으로 피해서 지나갔다. 이번에는 어떤 사마리아 사람이 그 길을 여행하다가 그가 있는 곳에 이르렀다. 사마리아 사람이 그를 보고 불쌍하게 여겼다. 그래서 그 사람에게로 가서 그의 상처에 올리브 기름과 포도주를 붓고 붕대로 감쌌다. 그리고 그를 자기의 짐승에 태우고 여관으로 데리고 가서 그를 정성껏 보살펴 주었다. 다음 날, 그는 은화 두 개를 여관 주인에게 주면서 말했다. '이 사람을 잘 보살펴 주세요. 만일 돈이 더 들면 내가 돌아올 때 갚겠습니다.' 너는 이 세 사람들 중에 누가 강도 만난 자의 이웃이라고 생각하느냐?"

율법학자가 대답했습니다.

"그에게 자비를 베풀어 준 사람입니다."

그러자 예수님께서 그에게 말씀하셨습니다.

"가서 똑같이 하여라!" (누가복음 10:25-37, 쉬운성경)

쑥쑥 자라나는 기도

예수님을 이 땅에 보내주시고
좋은 이웃의 모습을 보여주신 하나님,
선한 사마리아인의 따뜻한 섬김을 우리도 닮기 원합니다.
우리 아기에게 먼저 다른 사람을
예수님의 사랑으로 사랑하고
섬길 수 있는 마음을 허락해 주소서.
우리 아기가 누구를 만나든지, 무엇을 하든지,
하나님을 사랑하고, 이웃을 사랑하며 살게 하소서.
오늘도 말씀으로 우리 아기를 자라게 하신
하나님께 감사드리며 예수님의 이름으로 기도합니다. 아멘.

239

신약8 바다야, 잔잔하라! 바람아, 멈춰라!

말씀을 듣기 전에

아가야, 오늘도 예수님은 우리와 함께 하신단다.
하지만 예수님이 함께 하신다고 해서
항상 안전하고 평안한 것은 아니란다.
때로는 어렵고 힘들고 무서울 때도 있지.
그럴 때마다 예수님이 어떤 분이신지 떠올리고 믿는다면
두려움을 떨치고 어려움을 이겨낼 수 있다는 사실을 기억하렴.
그런데 예수님의 제자들은 예수님이 행하신 기적들을
바로 앞에서 경험했는데도 예수님이 누구신지를 자주 잊어버렸단다.
하나님의 아들이신 예수님, 말씀으로 모든 것을 다스리시는
예수님을 말이야. 예수님이 어떤 분이신지
오늘 말씀을 통해 만나보렴.

처음 듣는 하나님의 말씀

그날 저녁이 되자, 예수님께서는 제자들에게 말씀하셨습니다.

"호수 건너편으로 가자."

그래서 제자들은 사람들을 남겨 두고, 예수님께서 배에 타고 계신 그대로 모시고 갔습니다. 주위에 있던 다른 배들도 따라갔습니다.

그때, 매우 강한 바람이 불어 와서, 파도가 배 안으로 덮쳐 들어왔고, 물이 배 안에 차게 되었습니다. 예수님은 배 고물에서 베개를 베고 주무시고 계셨습니다. 제자들이 와서 예수님을 깨우면서 말했습니다.

"선생님, 우리가 죽게 되었는데, 돌아보지 아니하십니까?"

예수님께서 일어나시더니 바람을 꾸짖고, 호수에게 명령하셨습니다.

"조용하여라. 잠잠하여라."

그러자 바람이 멈추었고, 호수가 잔잔해졌습니다. 예수님께서 제자들에게 말씀하셨습니다.

"어째서 너희가 무서워하느냐? 아직도 믿음이 없느냐?"

제자들이 매우 두려워하며, "이분이 어떤 분이길래 바람과 파도도 순종하는 것일까?" 하고 서로에게 물었습니다. (마가복음 4:35-41, 쉬운 성경)

쑥쑥 자라나는 기도

무서운 바람도, 성난 파도도 잠재우시는 예수님,
예수님은 하나님의 아들이시며
말씀으로 모든 만물을 다스리는 분이심을 찬양합니다.
예수님이 우리 아기의 삶에
항상 함께 해 주실 것을 믿으며 감사합니다.
우리 아기가 예수님을 바르게 알아갈 수 있도록
하늘의 지혜를 부어 주소서.
행복하고 즐거울 때에도, 힘들고 어려운 일을 만날 때에도
언제나 예수님을 신뢰하고 믿음을 잃지 않기를 소망합니다.
하나님의 능력을 가지고 이 땅에 오신
예수님의 이름으로 기도합니다. 아멘.

아기를 위한 일상 기도

여호와 만군의 하나님이여 주와 같이 능력 있는 이가 누구리이까
여호와여 주의 성실하심이 주를 둘렀나이다
주께서 바다의 파도를 다스리시며
그 파도가 일어날 때에 잔잔하게 하시나이다

시편 89편 8, 9절

신약9 물고기와 보리 빵

말씀을 듣기 전에

아가야, 예수님은 이 세상에 오셔서
우리 힘으로는 할 수 없는 놀라운 일을 많이 하셨단다.
예수님은 여러 가지 기적을 통해 예수님이 누구신지를
우리에게 알려주신 거야. 제자들은 예수님이 하나님이심을
보여주는 사건을 경험할 때마다 매번 놀라곤 했지.
오늘은 어린 아이의 작은 도시락을 사용하셔서
오천 명이 넘는 사람들을 배불리 먹이신 기적을 들려줄게.
우리에게 있는 작은 것을 주님께 드리면
그것을 통해 큰일을 하시는 예수님을 만날 수 있단다.

처음 듣는 하나님의 말씀

이 일이 있은 지 얼마 후, 예수님께서는 디베랴 호수라고도 하는 갈릴리 호수를 건너가셨습니다. 많은 사람이 예수님의 뒤를 따랐습니다. 그것은 사람들이 예수님께서 병든 사람들에게 행하시는 표적을 보았기 때문입니다. 예수님께서는 언덕으로 올라가 제자들과 함께 거기 앉으셨습니다. 때는 유대인의 명절인 유월절 무렵이었습니다. 예수님께서는 눈을 들어 많은 사람이 예수님께 나오는 것을 바라보시고 빌립에게 말씀하셨습니다.

"이 사람들이 먹을 빵을 어디서 살 수 있겠느냐?"

예수님께서는 빌립이 어떻게 하나 보시려고 이런 질문을 하신 것이었습니다. 예수님께서는 빌립이 어떻게 할 것인가를 이미 알고 계셨습니다. 빌립이 예수님께 대답했습니다.

"여기 있는 한 사람 한 사람이 빵을 한 입씩만 먹는다고 해도, 그 빵을 사려면 이백 데나리온은 있어야 할 것입니다."

그때, 예수님의 제자 중 한 사람인 시몬 베드로의 동생 안드레가 말했습니다.

"여기 사내아이 하나가 가지고 온 작은 보리 빵 다섯 개와 작은 물고기 두 마리가 있습니다. 하지만 이것만 가지고 이렇게 많은 사람을 어떻게 먹이겠습니까?"

예수님께서 말씀하셨습니다.

"사람들에게 앉으라고 하여라."

그곳은 풀이 많은 곳이었습니다. 거기에 앉은 남자 어른의 수는 약 오천 명이었습니다. 그때, 예수님께서는 빵을 가지고 하나님께 감사의 기도를 하신 후, 그곳에 앉아 있는 사람들에게 그들이 원하는 만큼 나눠 주셨습니다. 예수님께서는 물고기를 가지고도 그렇게 하셨습니다. 사람들은 모두 실컷 먹었습니다. 식사가 끝났을 때, 예수님께서 제자들에게 말씀하셨습니다.

"먹고 남은 빵과 물고기를 다 모으고 하나도 버리지 마라."

그래서 제자들은 남은 음식들을 모았습니다. 보리 빵 다섯 개로 사람들이 먹고 남은 조각들이 큰 광주리로 열두 개나 되었습니다. 사람들은 예수님께서 행하신 표적을 보고 말했습니다.

"이분은 세상에 오실 그 예언자가 틀림없다." (요한복음 6:1-14, 쉬운 성경)

쑥쑥 자라나는 기도

놀라운 기적을 베풀어 주시는 예수님,
우리 가정에도 놀라운 기적을 베풀어 주심에 감사합니다.
우리 아기가 엄마의 배 속에서 건강하게 자라고 있는 신비가
이미 주님의 놀라운 기적임을 고백합니다.
어린 소년의 작은 도시락을 받으시고,
오병이어의 기적을 통해
생명의 빵으로 우리에게 오신 예수님을 알게 하신 것처럼,
우리 아기의 작은 마음을 받아주시고,
삶을 통해 많은 사람들에게 그리스도의 향기를 나타내게 하여 주소서.
예수님께 우리 아기의 삶과 마음을 맡겨 드리며
예수님의 이름으로 기도합니다. 아멘.

247

신약 10 아이들을 축복하셨어요

아가야, 엄마와 아빠는 너를 많이 사랑하고,
매일매일 너를 축복한단다. 누군가가 너를 위해 기도하고
너를 축복하면 엄마는 정말 기쁘고 감사하단다.
만약 예수님이 지금 우리 동네에 오신다면 당장 달려가서
"우리 아기를 축복해주세요!"라고 부탁드릴 거야.
그래서일까? 예수님이 계신 곳에는
아이들을 데리고 오는 엄마, 아빠가 많았다고 해.
오늘 말씀에서는 아이를 데리고
예수님께 찾아오는 엄마들이 나온단다.
예수님은 어떻게 하셨을까? 뭐라고 말씀 하셨을까?
엄마가 읽어주는 성경 말씀을 잘 들어보렴.

처음 듣는 하나님의 말씀

사람들이 자기의 아이들을 데리고 예수님께 와서, 어루만져 주시기를 원했습니다. 그러나 제자들이 이들을 꾸짖었습니다. 예수님께서 이것을 보시고 노하시며, 제자들에게 말씀하셨습니다.

"어린이들이 내게로 오게 놔 두어라. 그들을 막지 마라. 하나님 나라는 이런 어린이와 같은 사람들의 것이다. 내가 너희에게 진정으로 말한다. 어린이처럼 하나님 나라를 받아들이지 않는 사람은, 결코 그곳에 들어가지 못할 것이다."

그리고 예수님께서 어린이들을 팔에 안으시고, 손을 얹어 축복하셨습니다. (마가복음 10:13-16, 쉬운성경)

쑥쑥 자라나는 기도

어린아이를 사랑하시는 예수님,
우리 아기에게 하나님 나라를 선물해 주셔서 참 감사합니다.
축복의 손으로 우리 아기를 반겨 주시고, 안아 주시는 주님께
우리 아기가 더욱 가까이 가기를 원합니다.
예수님 품을 의지하며 기쁠 때나 슬플 때나
예수님께 나아가는 사람이 되게 하소서.
예수님의 이름으로 기도합니다. 아멘.

아기를 위한 기도

예수께서 한 어린아이를 불러 그들 가운데 세우시고
이르시되 진실로 너희에게 이르노니
너희가 돌이켜 어린아이들과 같이 되지 아니하면
결단코 천국에 들어가지 못하리라

마태복음 18장 2, 3절

신약 11 삭개오의 친구 예수님

아가야, 누군가의 친구가 되어 준다는 것은 참 행복한 일이란다.
좋은 친구를 만나고 좋은 친구가 되는 것은 중요한 일이지.
특히 외로운 사람에게 친구가 되어주는 것은
하나님이 기뻐하시는 일이야. 예수님이 친히 보여주셨단다.
예수님은 외로웠던 삭개오의 친구가 되어주셨어.
삭개오는 예수님을 만나 이야기를 나누며 놀라운 변화를 경험했어.
자신이 가장 중요하게 여긴 것들을 다른 사람을 위해 내어 놓으며
예수님의 좋은 친구가 되기로 했단다.
아가야, 너도 외롭고 소외된 사람들의 친구가 되어 주기를,
예수님처럼 선한 영향력을 주는 친구가 되기를 진심으로 축복해.

처음 듣는 하나님의 말씀

예수님께서 여리고에 들어가 거리를 지나시는 중이었습니다. 여리고에는 삭개오라는 사람이 있었습니다. 그는 세리장이었고, 부자였습니다. 삭개오는 예수님이 어떤 분인지 보려고 하였으나 사람들 때문에 볼수 없었습니다. 그는 키가 작았던 것입니다. 그는 예수님을 보려고 앞서 달려가서 뽕나무에 올라갔습니다. 왜냐하면 예수님께서 그 길을 지나실 것이었기 때문입니다. 예수님께서 그곳에 이르러 위를 쳐다보시고 삭개오에게 말씀하셨습니다.

"삭개오야, 어서 내려오너라. 오늘 내가 네 집에서 묵어야 하겠다."

삭개오가 빨리 내려와 예수님을 기쁘게 맞이했습니다. 사람들은 이것을 보고 모두 수군거렸습니다.

"저 사람이 죄인의 집에 묵으려고 들어갔다."

삭개오가 서서 주님께 말씀드렸습니다.

"주님, 제 재산의 절반을 가난한 사람들에게 주겠습니다. 그리고 제가 남의 것을 속여 얻은 것이 있으면, 네 배로 갚겠습니다."

예수님께서 삭개오에게 말씀하셨습니다.

"오늘 이 집에 구원이 찾아왔다. 이 사람도 아브라함의 자손이다. 인자는 잃어버린 사람을 찾아 구원하러 왔다." (누가복음 19:1-10, 쉬운 성경)

쑥쑥 자라나는 기도

세상에서 가장 좋은 친구이신 예수님,
지금 저의 배 속에 있는 우리 아기에게도
좋은 친구가 되어주시니 감사합니다.
우리 가정이 외롭고 소외된 사람들에게 찾아가
친구가 되어주시는 예수님을 기억하게 하소서.
우리 아기도 주변을 돌아볼 수 있는 아름다운 마음을 가지고
세상을 향해 따뜻한 손을 내밀 수 있는
예수님의 마음을 품게 하소서.
예수님을 가장 좋은 친구로 삼으며 살아가게 하소서.
예수님의 가까이에서 선한 영향력을 받으며 살게 하시고,
그 영향력을 세상의 많은 친구들에게 전하는 사람이 되게 하소서.
예수님의 이름으로 기도합니다. 아멘.

아기를 태교 있는

내 계명은 곧 내가 너희를 사랑한 것 같이
너희도 서로 사랑하라 하는 이것이니라
사람이 친구를 위하여 자기 목숨을 버리면 이보다 더 큰 사랑이 없나니
너희는 내가 명하는 대로 행하면 곧 나의 친구라

요한복음 15장 12-14절

신약 12 눈을 뜬 사람

말씀을 듣기 전에

아가야, 하나님이 만드신 아름다운 세상을
볼 수 있다는 건 참 감사한 일이란다.
하지만 오늘 말씀에 나오는 바디매오는 그럴 수가 없었어.
온 세상이 깜깜하고 답답해서 마음껏 다닐 수도 없었단다.
그러던 어느 날 이 사람의 마을에 예수님이 찾아오셨어.
이 사람에게 무슨 일이 생겼을까?
"다윗의 자손 예수님! 제게 자비를 베풀어 주십시오!"
앞은 보이지 않지만 바디매오는 큰 소리로 예수님을 애타게 불렀단다.
그가 예수님을 만났을 때, 어떤 일이 일어났는지 잘 들어 보렴.

처음 듣는 하나님의 말씀

예수님과 제자들이 여리고에 왔습니다. 예수님께서 제자들과 많은 사람들과 함께 여리고를 떠나실 때, 디매오의 아들인 바디매오라고 하는 앞을 보지 못하는 거지가 길가에 앉아 있었습니다. 나사렛 예수님이라는 소리를 듣고 그는 소리지르기 시작했습니다.

"다윗의 자손 예수님! 제게 자비를 베풀어 주십시오!"

많은 사람들이 그에게 조용히 하라고 엄하게 말했습니다. 그러나 그는 더욱더 크게 소리쳤습니다.

"다윗의 자손이시여, 제게 자비를 베풀어 주십시오!"

예수님께서 멈추셔서 말씀하셨습니다.

"그 사람을 이리 데리고 오너라."

사람들이 그를 불렀습니다.

"안심하고 일어나게! 예수님께서 자네를 부르고 계시네."

그는 겉옷을 거기에 두고, 벌떡 일어나 예수님께로 갔습니다. 예수님께서 그에게 물으셨습니다.

"무엇을 해 주길 원하느냐?"

보지 못하는 자가 대답했습니다.

"선생님, 다시 보기를 원합니다."

예수님께서 그에게 말씀하셨습니다.

"눈을 떠 보아라. 네 믿음이 너를 낫게 하였다."

그 즉시, 그가 눈을 뜨고 예수님을 따르며 하나님께 영광을 돌렸습니다. 모든 사람들이 이것을 보고 하나님께 찬양을 드렸습니다. (마가복음 10:46-51; 누가복음 18:42-43, 쉬운성경)

오늘 만나는 아기예수

쑥쑥 자라나는 기도

우리의 필요를 채우시는 예수님,
오늘도 말씀을 통하여 예수님을 만나게 하시니 감사합니다.
소경 바디매오의 눈을 뜨게 하신 것처럼
우리 아기의 영적인 눈을 뜨게 하소서.
세상이 보여주는 대로 휩쓸리지 않고
믿음의 눈으로 세상을 보게 하소서.
하늘의 소망을 바라보는 눈을 갖게 하소서.
다윗의 자손 예수님을 부르짖는 간절한 마음을 갖게 하소서.
오늘 말씀에서 만난 예수님이
우리 아기의 삶 가운데 동일하게 임하실 줄 믿습니다.
예수님의 이름으로 기도합니다. 아멘.

259

신약 13 호산나! 예수님을 찬양

다그닥, 다그닥, 다그닥! 무슨 소리일까?

어린 나귀가 걸어가는 소리란다.

예수님이 타신 어린 나귀의 발소리야.

호산나, 호산나! 높은 곳에서 호산나! 이건 무슨 소리일까?

예수님을 맞이하는 사람들의 소리란다.

예루살렘에 들어가시는 예수님을 찬양하는 소리야.

예수님은 이 땅에 왕으로 오셨단다.

그런데 왕으로 오신 분이 말이 아닌 나귀를 타고 오셨다니!

무슨 이유일까? 엄마와 함께 예수님을 따라가 보자.

처음 듣는 하나님의 말씀

예수님과 제자들이 예루살렘에 가까이 오시다가, 올리브 산 기슭에 있는 벳바게라는 곳에 이르렀습니다. 예수님께서는 거기서 두 명의 제자들을 마을로 보내셨습니다. 예수님께서 말씀하셨습니다.

"너희는 맞은편 마을로 들어가거라. 그러면 당나귀 한 마리가 새끼와 함께 묶여 있는 것을 발견할 것이다. 그 당나귀를 풀어서 나에게 가져오너라. 만일 누가 너희에게 무슨 말을 하거든, '주님이 필요하시답니다'라고 하여라. 그러면 즉시 내어 줄 것이다."

이것은 예언자가 말한 것을 이루려고 하신 것이었습니다. "시온의 딸에게 말하여라. '보아라. 네 왕이 네게로 오신다. 그는 겸손하여 당나귀를 탔는데, 어린 당나귀, 곧 나귀 새끼를 타고 오신다.'"

두 제자들이 가서 예수님께서 지시하신 그대로 했습니다. 그들은 당나귀와 그 새끼를 데리고 와서, 그 등에 자기들의 옷을 깔았습니다. 예수님께서는 그 위에 앉으셨습니다. 수많은 사람들이 자기 옷을 벗어 길에 깔았고, 나뭇가지를 잘라 똑같이 했습니다. 예수님의 앞뒤에서 따라가던 사람들이 소리쳤습니다.

"다윗의 아들에게 호산나! 주님의 이름으로 오시는 분이 복되도다! 높은 곳에서 호산나!"

예수님께서 예루살렘으로 들어가셨을 때, 온 도시는 흥분으로 가득 찼습니다. 사람들이 물었습니다.

"이 사람이 누구냐?"

사람들이 대답했습니다.

"이 사람은 갈릴리 나사렛 출신의 예수라는 예언자입니다." (마태복음 21:1-11, 쉬운성경)

쑥쑥 자라나는 기도

호산나! 다윗의 자손 예수님,
우리 아기와 함께 예수님을 찬양합니다.
왕으로 오셨지만 가장 낮은 곳에서 겸손의 본을 보이신 예수님,
우리 아기가 예수님의 모습을 닮아가기 원합니다.
무조건 높은 자리에서 섬김을 받으려 하기보다
낮은 곳에서 섬기며 사는 삶을 선택하는
예수님의 멋진 제자가 되기 원합니다.
겸손한 사람이 되게 하시고,
우리 아기의 입술에 찬양이 끊이지 않게 하소서.
우리의 구원자 되시며 기쁨과 승리를 주시는
예수님의 이름으로 기도합니다. 아멘.

신약 14 마지막 만찬

말씀을 듣기 전에

아가야, 엄마는 너의 심장소리를
처음 들은 날을 기억하고 있단다.
콩닥콩닥 뛰는 너의 심장소리에 감사의 눈물이 나기도 했지.
엄마는 배 속에서 웅크리고 있는 너의 모습을 본 날을 기억하고,
너의 태동을 느낀 날을 기억하고 있어.
네가 꿈틀꿈틀 할 때마다 엄마의 배는 불룩불룩했단다.
엄마가 너의 모든 것을 기억하는 것처럼,
예수님도 우리가 예수님을 기억하기를 원하신단다.
예수님과 제자들이 마지막 저녁 식사를 할 때
빵과 포도주를 나눠 주시며 그렇게 말씀하셨어.
왜 그러셨을까? 엄마가 읽어주는 말씀을 잘 들어보렴.

처음 듣는 하나님의 말씀

유월절 바로 전에, 예수님께서는 자신이 이 세상을 떠나 아버지께로 돌아갈 때가 왔다는 것을 아셨습니다. 예수님께서는 세상에 있는 자기의 사람들을 사랑하시되 끝까지 사랑하셨습니다.

유월절 양을 희생 제물로 바치는 무교절이 되었습니다. 예수님께서 베드로와 요한을 보내면서 말씀하셨습니다.

"가서 우리가 먹을 수 있도록 유월절을 준비하여라."

이들이 예수님께 물었습니다.

"어디에 준비하길 원하십니까?"

예수님께서 제자들에게 말씀하셨습니다.

"보아라. 도시에 들어가면 물 항아리를 가지고 가는 사람을 만날 것이다. 그를 따라 그가 들어가는 집으로 들어가거라. 그리고 집주인에게 말하여라. '선생님께서 내 제자들과 함께 유월절 음식을 먹을 방이 어디냐고 물으셨습니다.' 그러면 그 사람이 위층에 있는 정돈된 큰 방을 보여 줄 것이다. 거기서 유월절을 준비하여라."

베드로와 요한이 가 보니, 모든 것이 예수님께서 말씀하신 그대로였습니다. 그들은 그곳에서 유월절을 준비하였습니다. 때가 되어, 예수님께서 식사 자리에 앉으셨습니다. 그리고 제자들도 예수님과 함께 앉았습니다. 예수님께서 제자들에게 말씀하셨습니다.

"내가 고난을 받기 전에 너희와 함께 이 유월절 음식을 먹기를 간절히 바랐다. 내가 너희에게 말한다. 유월절이 하나님 나라에서 이루어질 때까지 다시는 유월절 식사를 하지 않겠다."

식사를 하는 동안, 예수님께서는 빵을 들고 감사 기도를 드리셨습니다. 그리고 떼어서 제자들에게 주시며 말씀하셨습니다.

"받아라. 이것은 나의 몸이다."

또 잔을 들고 감사 기도를 드리셨습니다. 그리고 제자들에게 잔을 주어, 제자들이 마셨습니다. 예수님께서 말씀하셨습니다.

"이것은 많은 사람들을 위해 쏟는 나의 피, 곧 언약의 피다. 내가 진정으로 너희에게 말한다. 내가 하나님 나라에서 새것으로 마실 그날이 올 때까지는 결코 다시 포도나무에서 난 것을 마시지 않을 것이다."

예수님과 제자들은 찬송을 부른 뒤, 올리브 산으로 올라갔습니다.

(요한복음 13:1; 누가복음 22:7-16; 마가복음 14:22-26, 쉬운성경)

쑥쑥 자라나는 기도

우리의 죄를 용서하기 위해 피 흘리신 예수님,
우리 아기를 위해 살과 피를 아끼지 않으시고 내어주심에 감사합니다.
우리 아기가 예수님의 말씀과 십자가를
잊지 않고 늘 기억하게 하소서.
우리 아기가 태어나 예수님을 영접하고
구주로 고백하는 그날을 기대하며 기다립니다.
예수님, 감사합니다. 사랑합니다.
예수님의 이름으로 기도합니다. 아멘.

신약 15 겟세마네 동산의 기도

말씀을 듣기 전에

아가야, 괴롭고 어려운 일이 있을 때
누군가가 옆에 함께 있어준다면 얼마나 든든하고 큰 힘이 되는지 아니?
엄마는 너로 인해 기쁘고 감사하지만,
몸이 무거워지고 많은 변화를 겪으며 조금은 힘이 들기도 하단다.
이럴 때 아빠가 엄마 곁에서 도와주고 함께 기도하며
힘을 주니 얼마나 든든한지 몰라.
그런데 오늘 말씀에서, 예수님이 많이 괴롭고 힘들다고 하셔.
제자들을 데리고 기도하러 산에 나가셨단다.
예수님은 하나님이시고 전능한 분이시니 괴로운 일은 없을 것만 같은데,
무슨 일이 있는 걸까? 엄마가 읽어주는 말씀을 잘 들어보렴.

처음 듣는 하나님의 말씀

예수님과 제자들이 겟세마네라고 하는 곳으로 갔습니다. 예수님께서 제자들에게 말씀하셨습니다.

"내가 기도하는 동안에 여기 앉아 있어라."

예수님께서는 베드로와 야고보 그리고 요한을 데리고 가셨습니다. 예수님께서는 매우 근심하며 괴로워하셨습니다. 예수님께서 말씀하셨습니다.

"내 영혼이 심히 괴로워 죽을 지경이다. 여기서 머무르면서 깨어 있어라."

예수님께서 조금 더 가셔서 땅에 엎드리셨습니다. 그리고 할 수만 있다면, 그때가 지나가 버리기를 기도하셨습니다. 예수님께서 기도하셨습니다.

"아바, 아버지! 아버지께서는 모든 것을 하실 수 있으시니, 이 잔을 없애 주십시오. 그러나 제 뜻대로 하지 마시고 아버지의 뜻대로 하십시오."

예수님께서 제자들에게 오셔서 자고 있는 것을 보시고, 베드로에게 말씀하셨습니다.

"시몬아, 자고 있느냐? 나와 함께 한 시간도 깨어 있을 수 없더냐? 시험에 들지 않도록 깨어서 기도하여라. 영은 원하지만, 몸이 연약하구나."

다시 예수님께서 제자들을 떠나서 같은 말씀으로 기도하셨습니다. 그리고 다시 제자들에게 오셔서 자고 있는 모습을 보셨습니다. 그것은 제자들이 너무 졸렸기 때문입니다. 제자들은 예수님께 무슨 말을 해야 할지 몰랐습니다. 세 번째 예수님께서 오셔서 말씀하셨습니다.

"아직도 자고 있느냐? 아직도 쉬고 있느냐? 그만하면 됐다! 이제 시간이 되었다. 보아라! 인자가 죄인들의 손에 넘겨진다. 일어나자! 가자! 보아라! 나를 넘겨 줄 사람이 가까이에 와 있다."

예수님께서 아직 말씀하고 계실 때, 열두 제자 가운데 한 사람인 유다가 다가왔습니다. 대제사장들과 율법학자들과 장로들이 보낸 많은 무리들이 칼과 몽둥이를 들고 유다와 함께 왔습니다. 예수님을 넘겨 주는 자가 사람들과 신호를 정했습니다.

"내가 입맞추는 사람이 바로 그 사람이니, 체포하여 데리고 가시오."

유다가 예수님께 와서 "선생님!"이라고 말하면서 입을 맞추었습니다. 그러자 그들이 예수님에게 손을 대어 체포했습니다. (마가복음 14:32-46, 쉬운성경)

쑥쑥 자라나는 기도

고통 중에 하나님께 기도하며 기도의 본을 보여주신 예수님,
기도는 하나님 뜻에 우리의 뜻을 맞추는 것임을 알려주셔서 감사합니다.
우리 아기도 어려움을 만날 때 기도로 하나님 앞에 나아가게 하시고,
예수님처럼 하나님의 뜻을 알고자 기도하는 사람이 되게 하소서.
우리 아기의 삶이 모두 하나님의 계획 안에 있음을 고백합니다.
우리 아기가 하늘 아버지의 뜻을 잘 알고,
예수님이 순종하셨듯이 하나님을 잘 따르게 하소서.
예수님의 이름으로 기도합니다. 아멘.

신약 16 십자가에서 돌아가신
예수님

아가야, 사람들의 함성소리가 들리니?
"예수님을 십자가에 못 박아라! 그를 없애버려라!"
우리를 위해 이 땅에 오시고 우리를 사랑하시는
예수님께서 십자가에 달려 돌아가셨어.
많은 사람들이 예수님이 구원자이시고
하나님의 아들이심을 믿지 않았단다.
예수님께서 기적을 일으키시며 하나님의 아들임을 보여주시면 될 텐데,
왜 예수님은 사람들이 예수님을 조롱하고 핍박할 때
침묵하고 계시는 걸까?
아픔과 고통을 참으신 이유는 뭘까?
조용히 예수님의 십자가 길을 따라가 보자.

이른 아침에 대제사장들이 장로들, 율법학자, 그리고 모든 유대 의회원들과 함께 회의를 하였습니다. 이들은 예수님을 묶고, 끌고 가서 빌라도에게 넘겼습니다. 빌라도가 예수님께 물었습니다.

"당신이 유대인의 왕이오?"

예수님께서 대답하셨습니다.

"네가 말한 대로다."

대제사장들이 여러 가지 말로 예수님을 고발했습니다. 빌라도가 예수님께 다시 질문했습니다.

273

"아무 대답이 없소? 이 사람들이 당신에게 여러 가지로 고발을 하는 것을 보시오."

그러나 예수님께서는 더 이상 대답을 하지 않으셨습니다. 빌라도가 이것을 보고 매우 놀랐습니다.

명절 때마다, 빌라도는 사람들이 요청하는 죄수 한 명을 풀어 주곤 했습니다. 바라바라고 하는 사람이, 폭동이 일어났을 때, 살인을 저지른 폭도들과 함께 감옥에 있었습니다. 사람들이 빌라도에게 와서 지금까지 그랬던 것처럼, 죄수 한 명을 풀어 달라고 요청했습니다. 빌라도가 그들에게 물었습니다.

"유대인의 왕을 놓아 주기를 바라느냐?"

빌라도는 대제사장들이 예수님을 시기해서 자기에게 넘긴 것을 알았던 것입니다. 대제사장들은 사람들을 선동하여 예수님 대신 바라바를 풀어 달라고 요청하게 했습니다. 빌라도가 사람들에게 다시 물었습니다.

"그러면 너희가 유대인의 왕이라고 부르는 이 사람은 어떻게 해야 하겠느냐?"

사람들이 소리쳤습니다.

"십자가에 못박으시오!"

빌라도가 물었습니다.

"어째서? 그가 무슨 잘못을 했느냐?"

하지만 사람들은 더욱더 크게 소리쳤습니다.

"십자가에 못박으시오!"

빌라도는 자기로서는 어찌할 도리가 없다는 것을 깨달았습니다. 그리고 잘못하면 폭동이 일어날지도 모른다고 생각하였습니다. 그래서 그는 물을 떠다가 사람들 앞에서 손을 씻으며 말했습니다.

"나는 이 사람의 피에 대하여 아무런 책임이 없다. 너희가 알아서 해라."

사람들이 한결같이 대답했습니다.

"그의 피에 대한 책임은 우리와 우리 아이들이 지겠습니다."

결국 빌라도는 바라바를 풀어 주었습니다. 그리고 예수님을 채찍으로 때리게 한 후, 십자가에 매달도록 내어 주었습니다. 총독의 군인들이 예수님을 총독의 관저로 끌고 들어갔습니다. 그러자 모든 부대원이 예수님 주위로 모였습니다. 그들은 예수님의 옷을 벗기고, 대신 붉은색 옷을 입혔습니다. 그리고 가시로 왕관을 엮어, 예수님의 머리 위에 씌웠습니다. 그들은 예수님의 오른손에 지팡이를 쥐여 주었습니다. 그리고 "유대인의 왕, 만세!"라고 말하며 예수님께 무릎 꿇고 절하면서 놀렸습니다. 그들은 예수님께 침을 뱉고 지팡이를 빼앗아 예수님의 머리를 쳤습니다. 예수님을 실컷 조롱한 후에, 붉은색 옷을 벗기고, 원래의 옷으로 다시 입혔습니다. 그리고 예수님을 십자가에 매달아 죽이려고 끌고 갔습니다.

군인들이 나가다가 구레네 출신의 시몬이라는 사람을 만났습니다. 군인들은 그에게 강제로 예수님의 십자가를 지고 가게 하였습니다. 그들은 골고다라는 곳으로 갔습니다. 골고다는 '해골의 땅'이라는 뜻입니다. 군인들은 예수님께 쓸개즙을 섞은 포도주를 주어 마시게 하였습니다. 그러나 예수님께서는 맛을 보시고는 마시려고 하지 않으셨습니다.

'해골'이라 불리는 장소에 와서 사람들이 예수님과 다른 죄수들을 십자가에 못박았습니다. 한 사람은 예수님 오른쪽에, 또 하나는 왼쪽에 매달렸습니다. 예수님께서 말씀하셨습니다.

"아버지, 저 사람들을 용서하여 주소서. 저들은 자기들이 하고 있는 일을 알지 못합니다."

사람들이 제비를 뽑아 누가 예수님의 옷을 차지할지 결정하였습니다. 사람들은 곁에 서서 바라보았습니다. 유대 지도자들이 예수님을 비웃으며 말하였습니다.

"이 사람이 다른 사람들을 구원했다. 만일 이 자가 하나님의 택하신 자인 그리스도라면 자신을 구원하리라."

군인들도 예수님께 나아와 조롱하였습니다. 예수님께 신 포도주를 주고 "만일 네가 유대인의 왕이라면 너 자신을 구원하여라" 하고 말했습니다. 예수님 위에 '유대인의 왕'이라고 죄목이 쓰여 있었습니다. 예수님과 함께 십자가에 달린 죄수들 가운데 하나가 예수님을 욕하며 말했습니다.

"네가 그리스도가 아니냐? 네 자신과 우리를 구원하여라."

그러나 다른 죄수가 그를 꾸짖으며 말했습니다.

"너도 같은 벌을 받았으면서 하나님을 두려워하지 않느냐? 우리는 우리가 저지른 일 때문에 마땅한 벌을 받는 것이지만, 이분은 아무런 잘못을 행한 적이 없으시다."

그리고 예수님께 말했습니다.

"예수님, 주께서 주님의 나라에 들어가실 때, 저를 기억해 주십시오."

예수님께서 그에게 말씀하셨습니다.

"내가 진정으로 네게 말한다. 오늘 네가 나와 함께 낙원에 있을 것이다."

정오 때쯤에 어두움이 온 땅을 덮어서 오후 3시까지 계속되었습니다. 햇빛이 사라지고 성전의 휘장이 두 쪽으로 찢어졌습니다. 예수님께서 큰 소리로 부르짖으셨습니다.

"아버지, 아버지의 손에 내 영혼을 맡깁니다."

이 말씀을 하신 후, 예수님께서 돌아가셨습니다. 백부장이 그 일어나는 일을 보고 하나님께 영광을 돌리며 말하였습니다.

"분명히 이 사람은 의인이었다."

이 일을 구경하러 모인 많은 사람들도 그 일어난 일을 보고 가슴을 치며 돌아갔습니다. 예수님과 알고 지내던 사람들과 갈릴리에서부터 예수님을 따라온 여자들도 모두 멀리 서서 이 일을 바라보았습니다.

의회원으로 요셉이라고 불리는 사람이 있었는데, 그는 선하고 의로운 사람이었습니다. 이 사람은 의회의 결정과 행동에 찬성하지 않았습니다. 이 사람은 유대 마을인 아리마대 출신이었고, 하나님 나라를 기다리던 사람이었습니다. 요셉이 빌라도에게 가서 예수님의 시신을 달라고 요청하였습니다. 요셉은 예수님의 시신을 가져다가 천으로 쌌습니다. 그리고 아무도 사용한 적이 없는 바위를 쪼개 만든 새 무덤에 모셨습니다.

때는 안식일을 준비하는 금요일 늦은 오후였는데 곧 안식일이 시작되려는 때였습니다. 갈릴리로부터 함께 온 여자들이 요셉을 뒤따라 가서 무덤을 보고 예수님의 시신이 어떻게 누워 있는지 보았습니다. 그리고 돌아와 향료와 향유를 준비하였고 안식일에는 계명대로 쉬었습니다.

(마가복음 15:1-14; 마태복음 27:24-34; 누가복음 23:33-56, 쉬운성경)

쑥쑥 자라나는 기도

십자가에 죽기까지 우리를 사랑하시는 예수님,
세상 죄를 지고 가는 하나님의 어린양 예수님을 찬양합니다.
사람들의 조롱과 멸시를 받으시고, 아픔과 고통을 참으며
십자가에 달려 돌아가신 예수님을 기억합니다.
저와 우리 아기를 대신하여,
이 가정과 온 세상을 대신하여 죽으신 예수님께 감사드립니다.
십자가에서 보여주신 예수님의 사랑을 우리 아기가 알게 하시고,
이웃을 향해 사랑의 손을 펼칠 수 있는 마음을 허락해 주소서.
우리를 구원하기 위해 고통당하신
예수님의 이름으로 기도합니다. 아멘.

아기와 태교 명상

그가 찔림은 우리의 허물 때문이요 그가 상함은 우리의 죄악 때문이라
그가 징계를 받으므로 우리는 평화를 누리고
그가 채찍에 맞으므로 우리는 나음을 받았도다
우리는 다 양 같아서 그릇 행하여 각기 제 길로 갔거늘
여호와께서는 우리 모두의 죄악을 그에게 담당시키셨도다

이사야 53장 5, 6절

신약 17 다시 사신 예수님

말씀을 듣기 전에

아가야, 세상에는 두 눈으로 직접 보고도
믿기 어려운 일들이 종종 일어난단다.
오늘은 예수님의 부활 소식을 너에게 들려 줄 거야.
다시 살아나신 예수님을 만났을 때, 사람들은 얼마나 놀랐을까?
그런데 이미 예수님께서는 십자가에 죽으실 것과
다시 살아날 것을 알고 계셨고,
그 사실을 제자들과 사람들에게 말씀하시기도 했었어.
늘 그랬듯이 사람들은 그 말씀을 믿지 못하고 잊어버려
놀라고 당황했던 거야.
아가야, 우리는 예수님의 말씀을 믿고,
끝까지 믿음을 잃지 않으며 살아가자.

처음 듣는 하나님의 말씀

일주일의 첫째 날 이른 새벽에 여자들이 준비한 향료를 가지고 무덤으로 갔습니다. 그들은 돌이 무덤에서 굴려져 있는 것을 보았습니다. 그들이 안으로 들어갔으나, 예수님의 시신이 없었습니다. 이 일로 여자들이 어찌할 바를 모르고 있을 때, 빛나는 옷을 입은 두 사람이 그들 곁에 섰습니다. 여자들이 두려워하면서 얼굴을 땅 아래로 숙였습니다. 그 사람들이 여자들에게 말했습니다.

"어찌하여 살아 있는 분을 죽은 사람들 가운데서 찾느냐? 예수님은 여기 계시지 않고 다시 살아나셨다. 예수님께서 갈릴리에 계실 때에 하신 말씀을 기억하여라. 인자가 죄인의 손에 넘기워 십자가에 못 박히고 삼 일 만에 살아날 것이라고 말씀하셨다."

그때서야 여자들이 예수님의 말씀을 기억해 냈습니다. 그리고 무덤에서 돌아와 이 모든 일들을 열한 제자들과 나머지 모든 사람들에게 알렸습니다. 이 여자들은 막달라 마리아와 요안나, 야고보의 어머니 마리아와 다른 여인들이었습니다. 이들은 이 일을 사도들에게 말했습니다.

그 말을 들은 베드로와 다른 제자는 무덤 쪽으로 향했습니다. 두 사람 모두 달려갔습니다. 다른 제자가 베드로보다 더 빨리 달려 무덤에 먼저 도착했습니다. 그 제자는 몸을 굽혀 고운 베가 거기에 놓여 있는 것을 보았지만, 무덤 안으로는 들어가지 않았습니다. 뒤따라온 시몬 베드로는 무덤에 도착하자, 바로 무덤 안으로 들어갔습니다. 베드로는 고운 베가 거기에 놓여 있는 것을 보았습니다. 그는 예수님의 머리를 감았던 천도 보았습니다. 그 천은 고운 베와 겹쳐 있지 않고 조금 떨어진 곳에 잘 개켜져 있었습니다. 그제서야 무덤에 먼저 왔던 다른 제자도 무덤 안으로 들어와 보고 믿었습니다. 이때까지만 해도 제자들은 예수님께서 죽음에서 살아나야 한다는 성경 말씀을 깨닫지 못했습니다. 그리고서 두 제자는 자기 집으로 돌아갔습니다.

그러나 마리아는 무덤 밖에 서서 울고 있었습니다. 마리아는 울면서 몸을 굽혀 무덤 안을 들여다보았습니다. 마리아는 흰옷 입은 두 천사를 보았습니다. 두 천사는 예수님의 시신이 있던 곳에 앉아 있었습니다. 한 천사는 머리 쪽에, 다른 천사는 발 쪽에 있었습니다. 천사가 마리아에게 물었습니다.

"여자여, 왜 울고 있소?"

마리아가 대답했습니다.

"사람들이 우리 주님을 어디론가 가져갔는데, 주님을 어디에 두었는지를 알지 못하겠습니다."

마리아가 이 말을 하고 뒤를 돌아보자, 거기 예수님께서 서 계셨습니다. 그러나 마리아는 그분이 예수님이신 줄 알지 못했습니다. 예수님께서 마리아에게 물으셨습니다.

"여자여, 왜 울고 있느냐? 누구를 찾고 있느냐?"

마리아는 그분이 동산 관리인인 줄로 생각하고 "저, 당신이 그분을 다른 곳으로 옮겨 놓았다면, 어디로 옮겨 놓았는지 말씀해 주세요. 그러면 제가 모셔 갈게요"라고 말했습니다. 예수님께서 마리아에게 "마리아야!"라고 말씀하셨습니다. 마리아는 예수님께 몸을 돌려 아람어로 "랍오니"라고 외쳤습니다(이 말은 '선생님'이란 뜻입니다). 예수님께서 마리아에게 말씀하셨습니다.

"나를 계속 붙잡고 있지 마라. 내가 아직 아버지께로 올라가지 않았다. 다만 너는 나의 형제들에게 가서 이렇게 말하여라. '나는 내 아버지곧 너희 아버지, 내 하나님 곧 너희 하나님께로 돌아갈 것이다.'"

막달라 마리아가 제자들에게 가서 "내가 주님을 보았어요!"라고 말했습니다. 그리고 예수님께서 자기에게 하신 말씀을 전하였습니다.

같은 날 저녁에, 제자들이 함께 모여 있었습니다. 제자들은 유대인들이 두려워 문을 꼭 잠갔습니다. 그곳에 예수님께서 오셔서 그들 가운데 서서 말씀하셨습니다.

"너희에게 평강이 있을 지어다!"

이 말씀을 하시고는 제자들에게 손과 옆구리를 보이셨습니다. 제자들은 주님을 보자 무척 기뻐했습니다. (누가복음 24:1-10; 요한복음 20:3-20, 쉬운성경)

쑥쑥 자라나는 기도

말씀대로 다시 사신 예수님,
우리의 생각을 뛰어 넘어 역사하시는 예수님의 능력을 찬양합니다.
보지 못하고, 경험하지 못하였어도
예수님의 부활을 말씀으로 믿게 하시니 감사합니다.
우리 아기에게 부활의 소망을 허락해 주시고,
세상 사람들이 믿지 못하고 이해하지 못하는 이 사실을
믿음으로 붙잡게 하소서.
그 믿음이 한평생 살아가는 동안 변하지 않도록 도와주소서.
할렐루야. 예수님의 부활을 찬양합니다.
예수님의 이름으로 기도합니다. 아멘.

아기랑 태교 엄마랑

우리 주 예수 그리스도의 아버지 하나님을 찬송하리로다
그의 많으신 긍휼대로 예수 그리스도를 죽은 자 가운데서
부활하게 하심으로 말미암아 우리를 거듭나게 하사
산 소망이 있게 하시며

베드로전서 1장 3절

신약 18 하늘로 올라가신 예수님

말씀을 듣기 전에

아가야, 엄마는 너의 맑은 목소리로
이 고백을 듣게 될 날을 소망한단다.
"부활하신 예수님을 믿습니다.
나를 위해 죽으시고 다시 사신 예수님을 찬양합니다.
항상 나와 함께 해 주세요."
예수님은 부활하신 후, 하나님 나라를 전하며 지내시다가
하늘로 올라가셨단다. 승천하시며 사람들과 제자들에게
하나님께서 약속하신 성령님이 오실 것을 말씀하시고 사명을 맡기셨어.
이 사명은 우리도 감당해야하는 아주 중요한 것이란다.

처음 듣는 하나님의 말씀

예수님께서는 고난을 받으신 후, 사도들에게 자신의 모습을 보여 주셨고, 여러 가지 방법으로 자기가 살아 계시다는 것을 증언하셨습니다. 예수님은 사십 일 동안이나 이 사람들에게 나타나셨으며, 하나님의 나라에 관해 말씀하셨습니다.

어느 날, 예수님께서는 사도들과 함께 식사를 하시다가 이런 말씀을 하셨습니다.

"예루살렘을 떠나지 말고 내 아버지께서 약속하신 선물을 기다려라. 이 약속의 내용은 내가 전에 말했고, 너희도 들은 것이다. 약속의 내용은 이것이다. 요한은 물로 세례를 주었지만, 너희는 얼마 안 있어 성령으로 세례를 받을 것이다."

사도들이 한자리에 모여서 예수님께 물었습니다.

"주님, 주님께서 이스라엘을 다시 회복시키실 때가 지금입니까?"

그러자 예수님께서 대답하셨습니다.

"때와 시기는 오직 아버지의 권한으로 정하신 것이니, 너희가 알 일이 아니다. 다만 성령이 너희에게 오시면, 너희는 권능을 받아 예루살렘과 온 유대와 사마리아와 그리고 땅 끝까지 가서 내 증인이 될 것이다."

예수님께서는 이 말씀을 하신 뒤에 그들이 보는 앞에서 하늘로 올라가셨습니다. 그가 올라가시는 모습은 구름에 가려 보이지 않았습니다. 예수님께서 올라가실 때에 그들은 하늘만 쳐다보고 있었습니다. 그런데 갑자기 흰옷을 입은 두 사람이 나타나 그들 곁에 섰습니다. 두 사람은 그들을 향해 "갈릴리 사람들이여, 왜 여기 서서 하늘을 쳐다보십니까? 여러분을 떠나 하늘로 올라가신 이 예수님께서는 여러분이 본 그대로 다시 오실 것입니다"라고 말했습니다. (사도행전 1:3-11, 쉬운성경)

쑥쑥 자라나는 기도

우리에게 성령을 선물로 주신 예수님,
우리에게 증인된 삶을 살라고 말씀하시고,
하늘로 올라가신 예수님을 기다립니다.
예수님과 다시 만날 그날이 올 때에 저희 부부와 아기가
예수님께 칭찬받는 믿음의 사람 되기를 소망합니다.
오늘도 예수님의 명령 따라 증인된 삶을 살아가게 하소서.
우리 아기에게 성령을 부어주시고,
성령님이 함께 하심을 날마다 경험하며
담대히 하나님을 전하는 사람이 되게 하소서.
하늘로 올라가시고 다시 오시리라 약속하신
예수님의 이름으로 기도합니다. 아멘.

신약 19 예수님을 만난 사울

말씀을 듣기 전에

아가야, 엄마 배 속에서 꼬물꼬물 자라는 널 볼 때마다
엄마는 깜짝깜짝 놀란단다. 콩알만큼 작고 작던 네가
어느새 자라서 주먹만 해졌고, 또 시간이 한참 지나 널 봤을 때는
엄마 배를 불룩하게 할 만큼 커져 있었지.
이렇게 너의 자라는 모습을 바라보고 있노라면 감사하고, 신기하단다.
그런데 오늘은 네가 자라고 변하는 모습보다
더 놀라운 변화를 경험한 사람 '사울'을 소개해줄게.
사울은 그 누구보다 예수님을 싫어했고,
예수님을 믿는 많은 사람들을 괴롭히기도 했어.
그런 사울에게 예수님이 찾아가셨단다.
예수님을 만난 사울은 어떻게 변했을까?

처음 듣는 하나님의 말씀

사울은 스데반이 죽임당한 것이 마땅하다고 생각했습니다. 그날에 예루살렘 교회에 큰 박해가 시작되었습니다. 사도들을 빼고는 모든 믿는 사람들이 유대와 사마리아 지방으로 흩어졌습니다. 경건한 사람들이 스데반을 묻어 주고 그를 생각하며 통곡하였습니다.

사울은 여전히 주님의 제자들을 죽이겠다는 생각으로 그들을 위협하고 있었습니다. 그는 대제사장에게 가서 다마스커스의 여러 회당에 보내는 편지를 써 달라고 했습니다. 남자든 여자든 그 도를 따르는 사람이 있으면, 닥치는 대로 붙잡아서 예루살렘으로 끌고 오려는 것이 그의 생각이었습니다.

사울이 길을 떠나 다마스커스 가까이에 이르렀을 때였습니다. 갑자기 하늘로부터 밝은 빛이 사울을 둘러 비췄습니다. 사울은 땅에 엎드렸습니다. 그때, "사울아, 사울아, 네가 왜 나를 박해하느냐?" 하는 소리가 뚜렷이 들렸습니다. 사울은 "주님은 누구십니까?"라고 물었습니다. "나는 네가 박해하는 예수다. 일어나 성으로 들어가거라. 네가 해야 할 일을 일러 줄 사람이 있을 것이다"라는 목소리가 들렸습니다.

사울과 함께 길을 가던 사람들은 무슨 소리가 나는 것 같은데, 아무 것도 보이지 않으므로 깜짝 놀라 말도 못하고 가만히 서 있었습니다. 사울은 땅에서 일어나 눈을 떴으나 아무것도 볼 수 없었습니다. 그래서 사울과 함께 있던 사람들이 그의 손을 잡고 다마스커스로 데려갔습니다. 사울은 삼 일 동안, 앞을 보지 못했으며, 먹지도 마시지도 않았습니다.

다마스커스에 아나니아라는 어떤 제자가 살고 있었습니다. 주님께서 환상 중에 "아나니아야!" 하고 부르셨습니다. 아나니아는 "주님, 제가 여기 있습니다"라고 대답했습니다. 주님께서 아나니아에게 말씀하셨습니다.

"일어나 '곧은 길'이라고 하는 거리로 가거라. 그리고 유다의 집에서 사울이라는 다소 사람을 찾아라. 그가 지금 거기서 기도하고 있다. 그가 환상 속에서 아나니아라는 사람이 찾아와 자신에게 손을 얹어 시력을 회복시켜 주는 것을 보았다."

아나니아가 대답했습니다.

"주님, 제가 많은 사람들에게서 그 사람에 관한 소문을 들었는데, 그가 예루살렘에 있는 주님의 성도들에게 많은 해를 입혔다고 합니다. 그리고 그 사람은 대제사장들에게서 주님의 이름을 믿는 모든 사람들을 잡아갈 수 있는 권한을 받아 가지고 이곳에 왔다고 합니다."

그러나 주님께서 아나니아에게 말씀하셨습니다.

"가거라. 그는 이방 사람들과 여러 왕들과 이스라엘 백성 앞에서 나의 이름을 전하도록 선택된 나의 도구이다. 그가 내 이름을 위해 얼마나 많은 고난을 당해야 할지를 내가 그에게 보여 주겠다."

아나니아는 그곳을 떠나 사울이 있는 집으로 가서 사울에게 손을 얹고 말했습니다.

"사울 형제여, 그대가 이리로 오는 길에 나타나셨던 주 예수님께서 나를 보내셨습니다. 예수님께서 나를 보내신 것은 그대의 시력을 다시 회복하고, 성령으로 충만하게 하려는 것입니다."

그러자 곧 사울의 눈에서 비늘 같은 것이 떨어져 나가고, 사울은 다시 보게 되었습니다. 사울은 일어나 세례를 받았습니다. 그는 음식을 먹고 기운을 되찾았습니다. 사울은 며칠 동안 다마스커스에 있는 제자들과 함께 지냈습니다. 그는 곧바로 회당에서 "예수님은 하나님의 아들이다"라고 선포하기 시작했습니다. 사울의 설교를 들은 사람들은 놀라서 물었습니다.

"이 사람은 예루살렘에서 예수님을 믿던 사람들을 닥치는 대로 죽이던 사람이 아닙니까? 그가 이곳에 온 것도 제자들을 붙잡아서 대제사장들에게 넘겨 주려는 것이 아니었습니까?"

그러나 사울은 더욱 힘을 얻어 예수님이 그리스도인 것을 증명하므로, 다마스커스에 사는 유대인들은 당황스러워했습니다.

여러 날이 지난 뒤, 유대인들은 사울을 죽이기로 모의하였습니다. 그러나 사울은 그들의 계획을 알게 되었습니다. 그들은 사울을 죽이려고 밤낮으로 성문을 철저히 지켰습니다. 어느 날 밤, 사울의 제자들이 광주리에 사울을 담아 성벽에 난 구멍을 통해 그를 성 밖으로 달아 내렸습니다. 사울은 예루살렘으로 가서 그곳의 제자들과 어울리려 했으나, 그들은 사울이 제자가 되었다는 사실을 믿지 못하고 모두 사울을 두려워했습니다.

하지만 바나바는 사울을 데리고 사도들에게로 갔습니다. 바나바는 사도들에게 사울이 길에서 주님을 본 것과, 주님께서 사울에게 하신 말씀과, 사울이 다마스커스에서 담대하게 예수님의 이름을 전한 일을 이야기해 주었습니다. 이렇게 해서 사울은 제자들과 함께 지내게 되었습니다. 그는 예루살렘을 자유롭게 다니면서 주 예수님의 이름을 담대하게 전했습니다. (사도행전 8:1-2; 9:1-28, 쉬운성경)

아가페 태교 성경

쑥쑥 자라나는 기도

우리의 부끄러운 부분까지도 사랑해주시는 하나님,
예수님을 만나 변화되는 사울의 모습을 보았습니다.
예수님을 믿는 사람들을 핍박하고 괴롭히던 사울이었는데
그런 사울에게 사랑으로 다가오신
예수님의 뜨거운 사랑을 다시 한 번 기억합니다.
우리 아기가 세상에 살면서 힘들고 어려운 일을 만날 때마다
예수님께서 우리 아기를 친히 찾아오셔서
'내가 너와 함께 한다'고 말씀하여 주소서.
상황과 사람으로 인해 어려움을 겪는다 할지라도
예수님께 받은 사랑으로 반응하며
이겨낼 수 있는 힘을 주시기 원합니다.
예수님의 이름으로 기도합니다. 아멘.

신약 20 사랑이 가장 위대하다

아가야, 엄마가 그동안 너에게 가장 많이 했던 말이 뭘까?

아마도 '사랑해'가 아닐까 싶구나.

앞으로도 이 말을 가장 많이 해 줄 거란다.

"아가야, 사랑해."

그런데 우리에게 가장 큰 사랑을 보여주신 분이 누구인지 기억하니?

그래, 바로 예수님이야.

예수님의 사랑은 크고 위대하단다.

십자가에서 죽으심으로 우리에게 사랑을 보여주셨지.

예수님은 우리가 받은 사랑을 많은 사람들에게 나눠주기를 바라셔.

아가야, 엄마는 네가 사랑이 많은 아이로 자랐으면 좋겠단다.

그리고 그 사랑을 잘 나누어 주는 아이로 자랐으면 좋겠어.

하나님께서 말씀하시는 사랑은 어떠한 것인지를 잘 들어보렴.

처음 듣는 하나님의 말씀

내가 사람의 방언과 천사의 말을 하더라도 내게 사랑이 없다면, 나는 울리는 종과 시끄러운 꽹과리와 다를 게 없습니다. 내가 예언하는 선물을 받고, 모든 비밀과 모든 지식을 헤아리고, 또 산을 옮길 만한 믿음을 가지고 있다 하더라도 내게 사랑이 없다면, 나는 아무것도 아닙니다. 내가 내 모든 재산을 나누어 주고 내 몸을 불사르게 내어 준다 하더라도 사랑이 없으면 내가 얻는 것은 아무것도 없습니다.

사랑은 오래 참습니다. 사랑은 친절합니다. 사랑은 시기하지 않습니다. 사랑은 자랑하지 않습니다. 사랑은 교만하지 않습니다. 사랑은 무례히 행동하지 않습니다. 사랑은 자기 유익을 구하지 않습니다. 사랑은 쉽게 성내지 않습니다. 사랑은 원한을 품지 않습니다. 사랑은 불의를 기뻐하지 않고 진리와 함께 기뻐합니다. 사랑은 모든 것을 덮어 주며, 모든 것을 믿으며, 모든 것을 소망하며, 모든 것을 견뎌 냅니다. 사랑은 영원합니다. 예언은 있다가도 없고, 방언도 있다가 그치며, 지식도 있다가 사라질 것입니다.

우리가 지금은 부분적으로 알며, 부분적으로 예언하지만 완전한 것이 오면 부분적인 것은 사라지게 될 것이기 때문입니다. 내가 어렸을 때는 말하는 것이 어린아이와 같고, 생각하는 것이 어린아이와 같고, 깨닫는 것이 어린아이와 같았지만, 어른이 되어서는 유치한 것들을 버렸습니다. 지금은 우리가 거울을 통해 보는 것같이 희미하게 보지만, 그때에는 얼굴과 얼굴을 마주 보듯이 보게 될 것입니다. 지금은 우리가 부분적으로 알지만 그때에는 하나님께서 나를 아신 것처럼 완전하게 알게 될 것입니다. 그런즉 믿음, 소망, 사랑, 이 세 가지는 항상 있을 것인데, 그중에서 가장 위대한 것은 사랑입니다. (고린도전서 13:1-13, 쉬운성경)

쑥쑥 자라나는 기도

완전한 사랑이신 하나님,
저희 부부보다도 더 우리 아기를 사랑하시는
예수님이 계심에 감사합니다.
우리 아기를 사랑하시고,
우리 가정에 귀한 선물로 보내주셔서 감사합니다.
예수님의 사랑이 저희 부부를 통해 우리 아기에게 잘 전달되게 하소서.
그래서 우리 아기가 세상을 향해 참된 사랑의 마음을,
진실한 사랑의 섬김을 나눌 수 있게 하소서.
가장 위대한 사랑을 보여주신
예수님의 이름으로 기도합니다. 아멘.

신약 21 심은 대로 거둘 거예요

말씀을 듣기 전에

아가야, 우리 옛말에 '콩 심은 데 콩 나고
팥 심은 데 팥 난다'라는 말이 있단다.
그것은 말씀에 있는 '심은 대로 거둘 것이다'는 말과도 같아.
오늘 말씀은 사울이 예수님을 만나 바울로 변화되고 나서
갈라디아 교회에 보낸 편지에 있는 말씀이란다.
우리가 나만 생각하며 하고 싶은 대로 행동하는 것이 아니라
성령님을 따라 무엇을 심어야 하는지,
무엇을 얻을 수 있는지 알게 해 주는 말씀이지.
우리가 하나님을 사랑함으로 거둘 수 있는 열매가 무엇이 있을까?
마음을 열고 잘 들어 보렴.

형제들이여, 하나님께서 여러분을 부르셔서 자유인이 되게 하셨습니다. 그러나 그 자유를 육체의 욕망을 채우는 기회로 삼지 말고, 사랑으로 서로 섬기십시오. 모든 율법은 "네 이웃을 네 몸과 같이 사랑하여라" 하신 한 계명 속에 다 들어 있습니다. 여러분이 서로 해치고 헐뜯는다면, 양쪽 다 멸망할 테니 조심하십시오.

　그러므로 내가 말합니다. 성령을 따라 사십시오. 그러면 육체의 욕망을 따라 살지 않게 될 것입니다. 육체의 욕망은 성령을 거스르고, 성령이 바라시는 것은 육체의 욕망을 거스릅니다. 이 둘은 서로 반대 되는 것이므로, 여러분의 욕망대로 살 수 없게 합니다. 성령께서 이끄시는 대로 살면, 여러분은 율법 아래에 있지 않게 됩니다. 육체가 하는 일은 분명합니다. 곧 음행과 더러움과 음란과 우상 섬기기와 마술과 미움과 다툼과 질투와 화내기와 이기심과 편 가르기와 분열과 시기와 술 취하기와 흥청거리는 잔치와 같은 것들입니다. 전에도 경고했지만, 이제 다시 경고합니다. 이런 일을 하는 사람은 하나님의 나라에 들어가지 못합니다.

　그러나 성령의 열매는 사랑과 기쁨과 평화와 오래 참음과 자비와 착함과 성실과 온유와 절제입니다. 이런 것들을 금지할 율법이 없습니다. 그리스도 예수께 속한 사람은 자기 육체를 정욕과 욕망과 함께 십자가에 못박았습니다. 우리가 성령으로 새 생명을 얻었으므로, 성령을 따라 살아야 합니다. 그리고 교만하지 말고, 서로 다투거나 시기하지 말아야 합니다.

형제들이여, 여러분 가운데서 누구든지 죄지은 사람이 있거든, 신령함을 지닌 여러분이 온유한 마음으로 그를 바로잡아야 합니다. 그러나 여러분도 유혹에 빠지지 않도록 조심하십시오. 여러분은 서로 다른 사람의 짐을 들어 주십시오. 그것이 그리스도의 법을 이루는 길입니다. 아무것도 아닌 사람이 무엇이나 된 것처럼 행동한다면, 그것은 자기를 속이는 일입니다. 자기를 다른 사람과 비교하지 마십시오. 사람은 저마다 자기 일을 살펴야 합니다. 그러면 자랑할 일이 자기에게만 있을 것입니다. 사람은 저마다 자기 일에 책임을 져야 합니다.

하나님의 가르침을 배우는 사람은 가르치는 사람과 모든 좋은 것을 나누어야 합니다. 스스로 속이지 마십시오. 하나님을 속일 수는 없습니다. 사람은 자기가 심은 대로 거둘 것입니다. 자기 육체의 욕망대로 심는 사람은 육체로부터 썩을 것을 거둘 것이며, 성령의 뜻을 따라 심는 사람은 성령으로부터 영원한 생명을 거둘 것입니다.

선한 일을 하다가 낙심하지 말아야 합니다. 때가 이르면, 영원한 생명을 거둘 것이므로 포기하지 말아야 합니다. 기회가 닿는 대로 모든 사람에게 선한 일을 해야 합니다. 특히 믿음의 가정에 그렇게 해야 합니다. (갈라디아서 5:13-6:10, 쉬운성경)

쑥쑥 자라나는 기도

우리가 선한 일 행하기를 원하시는 하나님,
하나님의 말씀을 따라 우리 아기가
선한 일을 행하는 사람이 되기를 원합니다.
하나님이 기뻐하시는 선한 일을 할 때에 낙심하지 않게 하시고
영원한 생명을 거둔다는 것을 잊지 말게 하소서.
무엇보다 우리 아기가 선한 일을 행하는
주의 자녀들을 만나 서로 돕고 협력하며,
이 땅을 아름답게 변화시키는 하나님의 일꾼이 되게 하소서.
나보다 남을 낮게 여길 수 있는 넓은 마음을 주시고
다른 사람의 짐을 기꺼이 들어줄 수 있는 마음을 주소서.
그리하여 이 길이 그리스도의 법을 이루는 길임을 알게 하소서.
서로 도우며 살기를 바라시는 하나님의 마음을 따르기 원합니다.
예수님의 이름으로 기도합니다. 아멘.

신약 22 예수님처럼 생각하고 행동해요

아가야, 우리는 평생동안 예수님을
사랑하고 닮아가며 살아야 한단다.
예수님처럼 겸손하고, 예수님처럼 순종하며 살아갈 때,
하나님 아버지께서 우리를 바라보시며 빙그레 미소 지으실 거야.
이런 하나님의 마음을 알았던 사도 바울은
빌립보 사람들에게 편지를 썼단다.
하나님이 원하시는 사람이 되기를 바란다는 당부도 함께 담아서 말이야.
하나님이 원하시는 사람은 어떤 사람일까?
사도 바울의 편지를 잘 들어 보렴.
그리고 엄마도 너도 하나님이 원하시는
멋진 사람이 되자꾸나.

처음 듣는 하나님의 말씀

그리스도를 믿는 것이 여러분에게 힘이 되고 있습니까? 그리스도의 사랑으로 위로를 받고 있습니까? 성령 안에서 서로 교제하며, 친절과 동정을 베풀고 있습니까? 그렇다면 서로 한 마음으로 사랑을 나누고, 한 뜻으로 하나가 되십시오. 무슨 일을 할 때, 이기적이거나 교만한 마음을 갖지 말고, 겸손한 마음으로 나보다 다른 사람을 더 존중해 주십시오. 자기 생활을 열심히 하면서 다른 사람이 하는 일에도 관심을 가져 내 마음에 기쁨이 넘치게 해 주십시오.

예수님처럼 생각하고 행동합시다. 그분은 하나님과 똑같이 높은 분이셨지만, 결코 높은 자리에 있기를 원하지 않으셨습니다. 오히려 높은 자리를 버리시고, 낮은 곳으로 임하셨습니다. 사람의 모습으로 이 땅에 오시고 종과 같이 겸손한 모습을 취하셨습니다. 이 땅에 계신 동안 스스로 낮은 자가 되시며, 하나님께 순종하셨습니다. 예수님은 목숨을 버려 십자가에 달려 돌아가시기까지 하나님의 말씀을 따랐습니다. 그러므로 하나님은 예수님을 최고로 높은 자리에 올리시고, 모든 이름 위에 뛰어난 이름이 되게 하셨습니다. 하늘과 땅 위, 땅 아래 있는 모든 만물이 예수 그리스도 앞에 무릎을 꿇고 "예수 그리스도는 주님"이심을 선포하며, 하나님 아버지께 영광을 돌릴 것입니다.

사랑하는 형제 여러분, 항상 순종하는 마음을 가지십시오. 여러분과 함께 있는 동안, 여러분은 하나님께 순종하는 태도를 잘 보여 주었습니다. 내가 곁에 없을 때, 그렇게 하는 것이 더 아름답고 귀한 일입니다. 하나님이 주신 구원을 이루기 위해 열심히 노력하며, 두려움과 떨림으로 늘 힘쓰기 바랍니다. 하나님께서는 여러분 안에서 하나님이 기뻐하시는 일을 할 수 있도록 돕고 계십니다. 또한 하나님은 할 수 있는 힘과 능력을 여러분에게 공급해 주실 것입니다.

무슨 일을 하든지 불평하거나 다투지 마십시오. 그렇게 하면 어느 누구도 여러분을 잘못했다고 비난할 수 없을 것이며, 여러분 역시 깨끗한 마음을 가질 수 있을 것입니다. 하지만 이 세상에는 비뚤어지고 악한 성향을 가진 사람들이 많이 살고 있습니다. 여러분은 어두운 세상에서 밝은 빛을 발하는 흠 없는 하나님의 자녀들이 되십시오. 생명의 말씀을 굳게 붙드십시오. 그리하면 그리스도께서 다시 오시는 날에 내 수고가 헛되지 않고, 열심히 달려온 내 삶이 승리로 가득하여 기뻐하고 또 기뻐할 것입니다. 여러분의 삶을 믿음과 봉사의 제물로 하나님께 바칠 때, 내 피를 그 위에 쏟아 부으라고 할지라도 나는 여러분과 함께 기뻐하고 즐거워할 것입니다. 여러분도 나와 같이 기뻐하고 즐거워하게 되기를 원합니다. (빌립보서 2:1-18, 쉬운성경)

쑥쑥 자라나는 기도

모든 이름 위에 뛰어난 이름, 예수님!
모든 만물의 주인이신 주님의 이름을 찬양합니다.
가장 높으신 분이지만, 가장 낮은 곳에 오신
주님의 겸손을 바라봅니다.
우리 아기와 저희 가정이 어두운 세상에서 밝은 빛이 되게 하시고,
세상 사람들에게 생명의 말씀을 전하는 그리스도의 편지가 되게 하소서.
빛 된 삶을 살아가는 힘과 그리스도의 편지가 되는 능력을
하나님께서 공급해 주실 줄 믿습니다.
겸손의 왕이신 예수님의 이름으로 기도합니다. 아멘.

신약 23 예수 안에서 우리에게 향하신 하나님의 뜻

말씀을 듣기 전에

아가야, 엄마는 널 만날 날을 손꼽아 기다리고 있단다.
그날이 언제일지 예상은 하고 있지만 정확한 날은 알지 못해.
성경을 보니까 예수님이 이 땅에 다시 오실 때도 마찬가지라고 해.
예수님이 오시는 것은 확실하지만,
정확히 언제 오시는지는 아무도 모른단다.
그렇지만 예수님을 기다리는 동안 어떻게 사는 것이
하나님의 뜻인지 성경을 통해 알 수 있단다.
지금부터 들려주는 말씀을 잘 듣고
예수님을 만날 준비를 잘 하며 살아가자.
엄마가 너를 만나기 위해 준비하는 것처럼 말이야.

처음 듣는 하나님의 말씀

형제 여러분, 정확한 때와 시간에 대해서는 말할 수 없습니다. 왜냐하면 주님이 오시는 그날은 한밤중의 도적같이 임할 것이기 때문입니다. 사람들이 "모든 것이 평안하고 안전하다"고 말할 그때에, 재난이 갑자기 닥칠 것입니다. 그것은 마치 아기를 낳을 여인이 갑작스럽게 진통을 맞이하는 것과 같아서 아무도 피할 수가 없습니다.

그러나 여러분은 어두움 가운데 있지 않기 때문에 여러분에게는 그날이 도적같이 갑자기 찾아오지 않을 것입니다. 여러분은 빛의 아들들이며 낮에 속한 사람들입니다. 우리는 결코 어두움과 밤에 속한 사람들이 아닙니다. 그러므로 다른 사람들처럼 잠들지 말고, 깨어서 정신을 차려야 합니다. 잠자는 사람들은 밤에 자고, 술 마시는 사람들도 밤에 마시고 취합니다. 그러나 우리는 낮에 속한 사람들이니 정신을 똑바로 차리고, 믿음과 사랑의 갑옷을 입고, 구원에 대한 소망의 투구를 씁시다.

하나님께서는 우리를 벌하기 위해 택하신 것이 아니라, 우리 주 예수 그리스도를 통해 구원을 얻도록 하기 위해 부르셨습니다. 그리스도께서는 우리를 위해 죽으셔서, 우리가 살든지 죽든지 상관없이 그분과 함께 살 수 있게 해 주셨습니다. 그러므로 지금처럼 서로를 위로하고 격려하며 서로에게 힘이 되어 주십시오.

형제 여러분, 여러분 가운데 수고하고 주님의 말씀을 가르치며 지도

하는 분들을 존경하십시오. 여러분을 위해 일하는 그들을 각별한 사랑으로 대해 주십시오. 서로 화목하게 지내기 바랍니다. 게으른 자들을 훈계하고, 마음이 약한 자들을 격려해 주십시오. 힘이 없는 자들을 도우며, 모든 사람을 인내로 대하십시오. 악으로 악을 갚지 말고, 서로 모든 사람에게 선을 베풀도록 힘쓰십시오. 항상 즐거워하십시오. 쉬지 말고 기도하십시오. 모든 일에 감사하십시오. 이것이 그리스도 예수 안에서 여러분을 향한 하나님의 뜻입니다. 성령께서 일하시는 것을 막지 말고, 예언의 말씀을 하찮게 생각하지 마십시오. 모든 일을 잘 살펴서 선한 것을 붙잡고, 악한 것을 멀리하기 바랍니다.

평안의 하나님께서 여러분을 깨끗하게 하셔서 하나님께 속한 자로 지켜 주시며, 여러분의 온몸, 즉 영과 혼과 육신 모두를 우리 주 예수 그리스도께서 오실 그날까지 아무 흠없이 지켜 주시기를 기도합니다. 여러분을 부르신 그분은 신실하시기 때문에 이 일을 반드시 이루실 것입니다.

형제 여러분, 우리를 위해서도 기도해 주시기 바랍니다. 거룩한 입맞춤으로 모든 형제에게 인사를 나누십시오. 이 편지를 모든 형제들에게 읽어 줄 것을 주님의 이름으로 부탁합니다. 우리 주 예수 그리스도의 은혜가 여러분과 함께 하기를 기도합니다. (데살로니가전서 5:1-28, 쉬운 성경)

쑥쑥 자라나는 기도

우리 아기가 항상 즐거워하고, 쉬지 말고 기도하고,
모든 일에 감사하기를 바라시는 하나님!
우리 아기가 하나님의 뜻을 이루는 사람으로 자라기를 원합니다.
어둠 가운데 있지 않고 항상 빛에 속한 사람으로 깨어있게 하시고,
하나님께 속한 자로 예수님의 다시 오심을 기다리며
준비하는 사람이 되게 하소서.
다시 오실 예수님의 이름으로 기도합니다. 아멘.

신약 24 친절과 사랑의 제사

말씀을 듣기 전에

아가야, 엄마도 하나님도 너에게 가장 바라는 것은
하나님을 예배하는 예배자가 되는 거란다.
하나님이 기뻐하는 예배자가 되려면,
먼저 예배가 무엇인지 알아야겠지?
구약에서 예배는 양이나 소를 죽여
우리 대신에 희생 제물로 하나님께 드리는 것이었어.
하지만 예수님이 오셨고, 우리를 대신해 진정한 희생제물이 되셨기에
우리는 더 이상 제사를 드리지 않고
언제든 하나님을 예배할 수 있게 되었단다.
하나님의 사랑, 예수님의 순종이 가져다준 선물이야.
예수님이 우리를 위해 하신 일이 얼마나 놀라운 것인지 들어 보렴.

처음 듣는 하나님의 말씀

    우리에게는 하늘로 올라가신 대제사장이 계십니다. 그분은 바로 하나님의 아들 예수님이십니다. 그렇기 때문에 우리는 우리의 믿음을 굳게 지켜야 합니다. 우리의 대제사장은 우리의 연약한 부분을 알고 계십니다. 이 땅에 계실 때, 그분은 우리와 마찬가지로 시험을 받으셨습니다. 그러나 결코 죄를 짓지는 않으셨습니다. 그러므로 하나님의 보좌 앞에 담대하게 나아갑시다. 그곳에는 은혜가 있으며, 우리는 때에 따라 우리를 도우시는 자비와 은혜를 받을 수 있습니다.

    사람들 가운데서 뽑힌 대제사장은 그들을 위하여 하나님 앞에 서야 하는 일을 맡고 있습니다. 그는 죄를 씻기 위하여 예물과 희생 제물을 바칩니다. 대제사장 역시 약한 사람이기 때문에, 잘 알지 못하는 사람들과 잘못을 저지르는 사람들을 너그럽게 대할 수 있는 것입니다. 사람들의 죄를 위하여 희생 제물을 바치는 대제사장도 자신의 죄를 위하여 희생 제물을 바쳐야 합니다. 대제사장이 되는 것은 영광스러운 일이지만, 자기 마음대로 될 수 있는 것이 아닙니다. 아론처럼 하나님께 부르심을 받아야 합니다. 그리스도 역시 스스로 대제사장의 영광을 택한 것이 아니라, 하나님께서 그를 선택해 주신 것입니다. 하나님께서 그에게 말씀하셨습니다. "너는 내 아들이다. 오늘 내가 너의 아버지가 되었다." 또 이렇게 말씀하셨습니다. "너는 멜기세덱의 계통을 따른 영원한 대제사장이다."

예수님께서 사람으로 계실 때, 하나님께 기도하고 도움을 구하셨습니다. 그분은 자기를 죽음에서 구해 주실 수 있는 분에게 큰 소리로 부르짖으며 눈물로 기도하셨습니다. 그리고 모든 것을 하나님께 맡기고 순종하심으로 하나님의 응답을 받으셨습니다. 예수님께서는 하나님의 아들이셨지만 고난을 통해 순종하는 법을 배우셨습니다. 그래서 예수님은 우리의 완전한 대제사장이 되시고, 그에게 순종하는 모든 자에게 영원한 구원을 주셨습니다. 그는 하나님에 의해 멜기세덱의 계통을 따른 영원한 대제사장이 되었습니다.

예수님을 대제사장으로 세우실 때에 하나님께서 맹세하셨습니다. 다른 사람들이 제사장이 될 때에는 그런 맹세를 하지 않으셨습니다. 그러나 그리스도는 하나님의 맹세로 제사장이 되셨습니다. "주님께서 '너는 영원한 제사장이다'라고 약속하셨으니, 그 마음을 결코 바꾸지 않으실 것이다." 예수님께서 하나님과 그의 백성 사이에 더 좋은 약속의 보증이 되셨다는 뜻입니다.

제사장들이 죽으면 제사장의 일을 더 이상 할 수 없기 때문에 제사장의 숫자가 많을 수밖에 없었습니다. 그러나 예수님께서는 영원히 살아 계시기 때문에 결코 제사장의 일을 쉬지 않으실 것입니다. 그러므로 예수님은 자기를 통해 하나님께 나아오는 자들을 완전히 구원하실 수 있습니다. 예수님은 항상 살아 계셔서, 하나님께 나아오는 자들을 돕고 계시기 때문입니다. 예수님이야말로 우리에게 진정으로 필요한 대제사장이십니다. 예수님께서는 거룩하고 죄가 없으시며, 흠이 없고 죄인들과 구별되는, 하늘보다 높은 곳에 계신 분입니다. 그분은 다른 제사장들과는 다릅니다. 그들은 매일 제사를 드려야 합니다. 먼저 자신의 죄를 위하여, 다음은 백성의 죄를 위하여 희생 제물을 바칩니다. 그러나 그리스도는 그럴 필요가 없으십니다. 예수님께서는 자기 자신을 희생 제물로 드려서 단 한 번에 그 일을 끝내셨기 때문입니다. 율법은 약점을 가진 사람들을 제사장으로 세웠습니다. 그러나 하나님의 아들이신 예수님께서는 하나님의 맹세하심을 통해 영원토록 완전한 대제사장이 되셨습니다. (히브리서 4:14-5:10; 7:20-28, 쉬운성경)

쑥쑥 자라나는 기도

어제나 오늘이나 영원히 동일하신 하나님,
예수 그리스도의 피로 우리를 거룩하게 하심을 감사드립니다.
우리 아기가 날마다 찬양의 제사를 드리게 하소서.
주위를 돌아보아 사랑의 손길이 필요한 곳에 선을 베풀며
가진 것을 풍성히 나눌 수 있는 마음을 허락해 주소서.
삶의 예배를 원하시는 예수님의 이름으로 기도합니다. 아멘.

신약 25 하나님께 온 사랑

아가야, 사랑을 받기 위해 이 땅에 온 너를 축복해.

사랑을 주기 위해 이 땅에 온 너를 환영해.

사랑을 받아본 사람만이 사랑을 나눠줄 수 있다는 말이 있단다.

하나님의 사랑을 듬뿍 받은 우리 가족!

어디로 그 사랑을 흘러 보내야 할까?

엄마와 아빠, 그리고 우리에게 가장 큰 사랑을 보여주신 예수님은

우리 가족을 통해 하나님의 사랑이 흘러가기를 간절히 바라신단다.

오늘 말씀을 잘 들어보렴.

우리가 왜 서로를 사랑하며 살아야 하는지

그 답을 알 수 있을 거야.

처음 듣는 하나님의 말씀

　사랑하는 친구들이여, 우리는 서로서로 사랑해야 합니다. 왜냐하면 사랑은 하나님께로부터 오기 때문입니다. 사랑하는 사람은 하나님의 자녀가 된 것이며, 또한 하나님을 안다고 할 수 있습니다. 하나님은 사랑이시기에, 사랑할 줄 모르는 사람은 하나님을 알지 못하는 자입니다. 하나님은 그의 독생자를 이 땅에 보내심으로 우리를 향한 그분의 사랑을 보여 주셨으며, 그를 통해 우리에게 생명을 주셨습니다. 진실한 사랑이란 하나님을 향한 우리의 사랑이 아니라, 우리를 향한 하나님의 사랑인 것입니다. 하나님은 당신의 아들을 보내셔서 우리의 죄를 위해 화목 제물이 되게 하셨습니다.

　사랑하는 친구 여러분! 하나님께서 이처럼 우리를 사랑해 주셨으니 우리 역시 서로를 사랑해야만 합니다. 어느 누구도 여태까지 하나님을 본 적이 없습니다. 그러나 우리가 서로서로 사랑하면, 하나님께서 우리 안에 거하십니다. 우리가 서로 사랑할 때, 하나님의 사랑은 우리 안에서 완전해질 것입니다.

　우리는 우리가 하나님 안에서 살고, 하나님께서 우리 안에 계신다는 사실을 알고 있습니다. 이는 하나님께서 우리에게 주신 그의 성령을 통해 알 수 있습니다. 우리는 아버지께서 그의 아들을 세상의 구주로 보내신 것을 보았고, 또 그것을 증언합니다. 만약 누구든지 "나는 예수님께서 하나님의 아들이심을 믿어요"라고 얘기하면, 하나님께서는 그 사람 안에 거하시고, 그는 하나님 안에 살게 됩니다. 이로써 우리는 하나님께서 우리를 위해 베푸신 그 사랑을 알 수 있고, 그 사랑을 굳게 믿을 수 있습니다. 하나님은 사랑이십니다. 사랑 안에 사는 사람은 하나님 안에 사는 사람이며, 하나님도 그 사람 안에 계십니다.

하나님의 사랑이 우리 안에 완전해질 때, 우리는 하나님께서 심판하시는 그날에 아무 두려움 없이 설 수 있을 것입니다. 우리에게 어떤 두려움도 있을 수 없는 것은, 우리가 이 세상에서 예수님과 같아지기 때문입니다. 사랑이 있는 곳에는 두려움이 없습니다. 왜냐하면 완전한 사랑이 두려움을 내어 쫓기 때문입니다. 사람을 두렵게 만드는 것은 벌을 받을지도 모른다는 마음 때문입니다. 그러므로 두려움을 갖고 있는 사람은 사랑을 완성하지 못한 사람입니다.

하나님께서 우리를 먼저 사랑해 주셨기 때문에 우리도 사랑해야 합니다. 어떤 사람이 "나는 하나님을 사랑해요"라고 말하면서 그의 형제를 미워하면, 그는 거짓말쟁이입니다. 이는 눈에 보이는 자기의 형제도 사랑하지 못하면서 보이지 않는 하나님을 사랑할 수는 없기 때문입니다. 그러므로 하나님께서는 누구든지 하나님을 사랑하는 사람은 자기 형제들도 사랑해야 한다고 우리에게 명령하셨습니다. (요한일서 4:7-21, 쉬운성경)

쑥쑥 자라나는 기도

사랑이신 하나님 아버지,
우리 아기가 하나님의 사랑 안에 거하며 살기를 원합니다.
이 세상은 두려움이 많습니다.
하지만 하나님께서 사랑이 있는 곳에는 두려움이 없다고 하셨으니,
우리 아기가 거하는 모든 곳에 하나님의 사랑이 넘치게 하시고
두려움은 물러가게 하소서.
하나님께서 먼저 사랑해 주신 것을 기억하며
하나님을 사랑하고, 형제 자매를 사랑하게 하소서.
사랑의 본을 보여주신 예수님의 이름으로 기도합니다. 아멘.

아가페 태교 성경

초판 1쇄 발행	2017년 10월 27일
초판 5쇄 발행	2025년 03월 07일

글쓴이	박영란, 송세라

펴낸이	곽성종
펴낸곳	(주)아가페출판사
등록	제21-754호(1995. 4. 12)
주소	(08806) 서울시 관악구 남부순환로 2082-33
전화	584-4835(본사) 522-5148(편집부)
팩스	586-3078(본사) 586-3088(편집부)
홈페이지	www.agape25.com
판권	ⓒ (주)아가페출판사 2017
ISBN	978-89-97713-95-0 (04230)
	978-89-97713-86-8 (세트)

분당직영서점	전화 (031) 714-7273 ｜ 팩스 (031) 714-7177
인터넷서점	www.agapemall.co.kr
	*인터넷에서 '아가페몰'을 검색하세요.

이 도서의 국립중앙도서관 출판예정도서목록(CIP)은
서지정보유통지원시스템 홈페이지(http://seoji.nl.go.kr)와
국가자료공동목록시스템(http://www.nl.go.kr/kolisnet)에서
이용하실 수 있습니다.
(CIP제어번호: CIP2017025210)

아가페 출판사